障害者と表現活動

自己肯定と承認の場をはぐくむ

川井田 祥子 =著

水曜社

はじめに

　1980年代はじめから進んだ新自由主義的改革は、グローバルな規模でのバブルマネーの暴走を許し、世界中をマネーゲームに没頭させたのみならず、他方で福祉国家の見直しを余儀なくさせて社会保障制度を弱体化させるとともに、非正規雇用を拡大するなど社会的格差の拡大をもたらした。いまなお続くこのような状況のもと、将来への不安を感じる人々は増え続けているといえるだろう。政府は2019年9月に「全世代型社会保障検討会議」を発足させ、有識者が議論を重ねている。会議の趣旨は「少子高齢化と同時にライフスタイルが多様となるなかで、誰もが安心できる社会保障制度に関わる検討を行う」とあるものの、有効な解決策が導き出されるかどうかは不明である。

　そうしたなかで、障害者の表現活動がもたらす意義や成果に注目する個人や団体がますます増え、美術分野のみならずダンスや演劇、音楽などの舞台芸術分野も含めた活動が全国各地で展開されている。前著『障害者の芸術表現』を刊行した2013年当時を振り返れば、こうした変化は目をみはるばかりである。

　たとえば、新しいものづくりを提案するブランドとして2011年に誕生した「スローレーベル」は、活動範囲をアートや舞台芸術分野などにも広げ、2014年にNPO法人化して3年に一度の芸術祭「ヨコハマ・パラトリエンナーレ」を始動させた。翌年からは市民参加型パフォーマンスプロジェクト「スロームーブメント」も開始し、障害の有無や国籍、年齢、性別などの違いを超えて集まった人々が、あらゆる場所でパフォーマンスを繰り広げることによって「多様性と調和」のメッセージを発信することを企図している。あわせて、障害者が参加しやすくなるように一人ひとりのニーズを受け止めて環境を整備する人材育成も開始した。さらに2017年からは世界的に活躍するサーカス団「シルク・ドゥ・ソレイユ」のサポート

写真1：2016年2月横浜でのスロームーブメントの公演

を受けながら、さまざまな社会課題の解決に役立つ“ソーシャル・サーカス”を全国に広めるプログラム開発をスタートさせた。ソーシャル・サーカスとは、貧困や障害などの課題を解決するため1990年代にヨーロッパではじまったもので、サーカスの練習を通じて協調性や問題解決能力、セルフエスティーム（自己肯定感）、コミュニケーション力などをはぐくむことによって、マイノリティの社会参画を促進することをめざしている。スロームーブメントの取り組みは静岡市にも広がり、ソーシャル・サーカスのワークショップが実施された。

　作品を創作する側へのアプローチだけでなく、障害者の鑑賞機会を増やそうとアクセス面での改善に向けての研修事業を実施する文化施設も増加した。たとえば大阪府にある「国際障害者交流センター」を管理運営している「ビッグ・アイ共働機構」（社会福祉法人大阪障害者自立支援協会と株式会社ナイスにより設立）は、2014年10月から知的・発達障害児（者）のための劇場体験プログラム「劇場って楽しい！」を実施している。劇場は日常の生活環境とは大きく異なるため、音の大きさや響き方、照明の効果による

写真2：2016年12月東京でのスロームーブメントの公演

　暗転などを知らないと、パニックを起こしかねない。そこで実際に作品を
鑑賞しながら学び、劇場という空間を理解してもらうとともに鑑賞者とし
てのルールを身につけ、芸術にふれる機会を日常生活のなかで増やすこと
を目的としている。この体験プログラムは東京・新潟・島根などでも実施
され、各地の劇場から開催を希望する声が届いているという。
　こうした動きは国の政策にも影響を与え、法制度の整備が進んで予算が
増額されるとともに、各地で支援活動やイベントなどが多彩に展開されて
いる。たとえば厚生労働省は、2014 年度から 2016 年度まで「障害者の芸
術活動支援モデル事業」を実施し、その成果を全国に展開するため 2017
年度から新たに「障害者芸術文化活動普及支援事業」を創設し、予算額は
ほぼ倍増となった（モデル事業の最終 [2016] 年度予算は 1 億 964 万円、新たな普
及支援事業の 2017 年度予算は 2 億 267 万円、2018 年度予算 2 億 1,250 万円、2019 年
度予算 2 億 3,150 万円）。また、2001 年から開催されている「全国障害者芸
術・文化祭」は 2017 年から「国民文化祭」と合同開催されるようになり、
2017 年度は奈良県（予算 4,500 万円）、2018 年度は大分県（予算 7,050 万円）、

2019 年度は新潟県（予算 7,050 万円）でそれぞれ開催された。

　2018 年 6 月 13 日には「障害者による文化芸術活動の推進に関する法律」が公布・施行された。文化芸術の創造および享受は国民一人ひとりの生まれながらの権利であり、障害者の文化芸術活動を幅広く促進することは国や自治体の責務であると明記されている。同法はさらに基本的施策として、障害者が文化芸術を鑑賞する機会の拡大、作品などの発表機会を確保するための展覧会開催や海外発信の支援、芸術上価値が高い作品などの海外への発信、文化芸術活動の推進に寄与する人材の育成および確保などを掲げている。

　文化庁も 2015 年 5 月に閣議決定された「文化芸術の振興に関する基本的な方針（第 4 次基本方針）」のなかで、5 つの重点戦略のうち戦略 1 の「文化芸術活動に対する効果的な支援」のなかに「障害者の芸術活動の振興」を掲げ、障害者の表現活動に対する支援を継続してきた。2019 年度からは「障害者による文化芸術活動推進事業」を新たに設け、3 億円の予算を計上している。

　このような動向を受け、自治体レベルでもさまざまな支援政策が展開されていくことが予想される。その理由のひとつは、2020 年東京オリンピック・パラリンピック競技大会の開催が決定したことだ。なぜなら東京都が大会招致をめざした際、その立候補ファイルに「2012 年ロンドン大会の『アンリミテッド』プロジェクトの成功を継承する」[1]と明記したからである。アンリミテッドは 2 章で詳しく述べるように、障害のあるアーティストの活躍の場を大きく広げたプロジェクトであり、立候補ファイルに記載されたことによって当該分野における支援拡大に向けて大きな追い風になったともいえよう。

　全国で多様に展開されている事業のなかには “社会的包摂” を目標に掲げているものも多いが、矮小化されているのではないかという懸念を抱くものもある。社会的包摂とは多次元的な面から捉えられるべきものであるが、芸術分野において障害者の支援を行うことのみに力点が置かれているような事業が残念ながら散見されるからである。障害者の表現活動を “ア

ート"として位置づけ、社会に発信すべく先駆的な取り組みを行ってきた団体は、「障害者に対する見方を変えたい」という思いから出発したところが多い。その根底には社会全体を覆う価値観や仕組みの転換への希求があり、さらにアートと仕事とを結びつける可能性を模索する試みもあった。そうした先駆者たちの思いは受け継がれているのか、という問題意識が本書の出発点となっている。

　社会的排除の克服をめざす政策をいち早く打ち出した EU（欧州連合）各国において、雇用政策は中核に据えられている。なぜなら EU 各国では、他者とつながりながら自らの価値を発揮する手段が労働だと理解されているからである。働くことはたんに所得を得るための手段ではなく、労働を通じて存在意義を認められる、すなわち社会から"承認"されることだともいえよう。もちろん、近年のきびしい経済状況のなかで仕事に就くことは容易ではないと考えられる。しかしながら、「働く権利」や「承認される権利」を見据えながら障害者の表現活動を捉えていかないと、作品を鑑賞して一時的に感動する体験のみを促す一過性のブームとして消費されてしまうのではないかとの懸念も生じる。

　先にふれたアンリミテッドは、イギリスにおける障害者の権利獲得運動とアートとが密接に結びついてきた歴史をもとに構想され、すぐれたアート作品を通して人々の障害に対する意識を転換し承認を得ること、アーティストやアート・マネージャーなどの専門家として働く障害者を増やすこと、という 2 つの目標を掲げて展開された。そして、2012 年のロンドン大会終了時点で目標が十分に達成されなかったためにいまなお継続している。アンリミテッドが掲げた目標の背景には、近代化に伴って画一的な大量生産に貢献できない人々を"障害者"と位置づけて排除していったことへの異議申し立てがある。こうした考えはパラリンピックの開会式にも表れており、演出を担当したジェニー・シーレイ Jenny Sealey[2]の考えにもとづき、「私たちは平等だ。障害者を社会の一員として認めることはすべての人の責務である」というメッセージを、障害をもつロック・ミュージシャンやダンサー、画家などがそれぞれの表現方法で伝えた。理論物理学

者のスティーブン・ホーキング博士Dr. Stephen Hawkingも開会式に登場し、コンピュータプログラムによる合成音声を利用して「私たちは全員異なっており、標準的な人間やつまらない人間というものもいないが、私たちは同じ人間の精神を共有している」「重要なのは創造する能力があるということで、創造性は多様な形式で表れる」「どんなに困難な人生に見えても、あなたができること、そして成功することは常にある」というメッセージを全世界に発信したのである。つまり五輪大会を好機として、真の社会的包摂を具現化すべく、多様な機関が連携しながらプロジェクトを展開していることの表明でもあった。

　本書では、社会的排除が社会問題として注目されるようになった世界的動向や背景、経済的価値のみならず社会的価値の創出をめざす社会連帯経済の広がりをふまえ、アンリミテッドを単発的なアート・プロジェクトとして捉えるのではなく、イギリスの障害者運動の歴史ともからめながら考察し、日本が継承すべきものを検討していく。結論を先取りしていえばそれは、表現活動を通じてセルフエスティームをはぐくむとともに、他者からの承認を得ることによって"生きる場"を取り戻す人々を増加させることである。

　本書の構成をおおまかに述べておこう。

　1章では、社会政策に求められるようになった"承認"という概念にふれ、社会的排除の克服には就労を通じた承認とセルフエスティームの向上が必要なことについて述べる。さらに、承認を得られる関係を構築する場として注目されている"社会連帯経済"について紹介し、その具体例として表現活動によって精神的貧困からの脱却を図ろうとするイタリアの取り組みについて述べる。

　2章では、2012年ロンドンオリンピック・パラリンピック競技大会の文化プログラムの主軸のひとつであったアンリミテッドが構想された背景や目的について、イギリスを取り巻く状況変化と文化政策の変遷を含めて考察するとともに、大会終了後も継続している理由およびイギリスにおける

障害者運動や文化的多様性の議論との関連などを検討する。

　3章では、社会状況の変化にともなって社会政策の目標が推移して"承認"が求められるようになった経緯について述べる。そして、現代社会を新たな視点で捉えようとする議論と、労働観の変遷と"障害"という概念が生まれてきた経緯についてふれたのち、"人"を軸にした表現活動を展開する片山工房の実践を手がかりとして、福祉 well-being の具現化と表現活動との関連を考察する。

　4章では、社会的排除の克服をめざすヨーロッパでの社会的企業について紹介したのち、セルフエスティームをはぐくみ相互承認をもたらすような働き方を模索する日本の福祉施設での取り組みを紹介するとともに、真の社会的包摂は障害者のためだけでなく、一人ひとりの生き方を変革することにもつながることを述べる。障害者アートのブームともいえる現状に対して、これらの取り組みは問いを投げかけていると考えられるからである。

　5章では、アンリミテッドが構想された背景を俯瞰的に考察するとともに、社会的排除の克服が喫緊の課題となった国際的動向のなかで、日本は今後どのような取り組みを行うべきかを検討していく。

　表現活動を通じてセルフエスティームをはぐくみ、他者からの承認を得られる関係を構築しようとする働き方の模索は、障害者のみならず誰もが生きづらさから解放され、よりよい生を生きようとする主体となる可能性のあることを明らかにしたい。

　　　　　　　　※本書に掲載している写真のうち、提供者の記載のないものは筆者が撮影した。

注
1）「東京2020オリンピック・パラリンピック立候補ファイル」第1巻、2013年、日本語版p.16より。
2）ジェニー・シーレイは聴覚に障害のあるアーティストで、1980年に設立されたグレイアイ・シアター・カンパニー Graeae Theatre Company の芸術監督を1997年から務めている。詳しくは2章7節を参照のこと。

『障害者と表現活動』 目 次

はじめに ──────────────────────────────── 3

第1章　社会的排除の克服に求められる"承認"と"セルフエスティーム"
　　1. 社会政策に求められる承認 ─────────────── 14
　　2. 社会的排除／包摂と就労、承認の関係 ────────── 16
　　3. セルフエスティームと well-being ────────── 20
　　4. 社会連帯経済という選択肢 ───────────── 22
　　5. イタリアの社会的協同組合 ───────────── 23
　　6. イタリアの精神医療改革と演劇 ─────────── 27
　　7. 創造都市ボローニャと演劇 ───────────── 29
　　8. アルテ・エ・サルーテ劇団の実践 ──────────── 31
　　9. プロセスをともに経験することから ────────── 38

第2章　アンリミテッドとイギリスの障害者アート・ムーブメント
　　1. イギリスの文化政策の転換 ───────────── 42
　　2. ロンドン五輪文化プログラムへの期待 ───────── 45
　　3. アンリミテッドとは ──────────────── 47
　　4. ロンドン五輪後のアンリミテッドの展開 ─────── 50
　　5. 障害観の転換をめざすシェイプ ─────────── 58
　　6. 芸術家を支えるアーツアドミン ─────────── 61
　　7. ロンドン五輪で何を伝えるのか ─────────── 65
　　8. イギリスにおける障害者運動と障害者アート・ムーブメント 67
　　9. 公的支援が行われるようになった背景 ───────── 72

第3章　福祉 well-being に必要な表現活動
　　1. 社会政策が変遷していった背景 ─────────── 80
　　2. ケインズの構想した社会 ───────────── 84
　　3. 創造的な定常期への移行を ───────────── 86
　　4. 労働観の変遷 ──────────────────── 87
　　5. 近代の労働が生み出した"障害者" ──────────── 91
　　6. 日本における70年代以降の社会保障の変化 ────── 95
　　7. 日本の障害者雇用政策のあゆみ ─────────── 98
　　8. 自己に対する肯定的な感覚こそ ───────────── 101
　　9. 一人ひとりの潜在能力を発揮する契機となる表現活動：片山工房（神戸市） 103
　　　　・障害者との出会いがもたらしたもの　　　　　　　103

・表現活動は能動的になれるツール ──────── 104
・「待つ」ことからのはじまり ──────── 106
・なんのための表現か ──────── 108

第4章　文化基盤型社会的企業を志向する福祉施設の取り組み

1. 社会的企業とは ──────── 112
2. 存在の肯定がもたらす仕事：カプカプ（横浜市）──────── 116
   ・"ザツゼン"によって伝えたいこと ──────── 116
   ・関係を変え「働く」を問い直す装置 ──────── 118
   ・地域にひらく意味 ──────── 121
   ・さまざまに表現できる豊かさを ──────── 122
   ・生きづらさは誰にでもあるからこそ ──────── 124
3. 働くことは他者に喜んでもらえる権利：アートセンター画楽（高知市）──────── 126
   ・健常者文明を問い直す ──────── 126
   ・デザインと福祉に共通するもの ──────── 127
   ・労働は価値創造があってこそ ──────── 129
   ・支援とは何か ──────── 131
   ・愉快な交流がひらく可能性 ──────── 133
4. 一人ひとりの個性を発酵させる仕事：ぬか つくるとこ（岡山県都窪郡）──────── 135
   ・成功も失敗もできる場所をめざして ──────── 135
   ・既存の福祉からの脱却をめざして ──────── 136
   ・視点を変えて仕事を創出 ──────── 139
   ・スタッフも仕事を楽しめる施設に ──────── 141
   ・子どもにも必要な居場所 ──────── 143
5. 仕事とは人や社会に対して働きかけること：スウィング（京都市）──────── 144
   ・"まとも"からの解放 ──────── 144
   ・表現の枠を広げる ──────── 147
   ・働くことの目的はひとつではない ──────── 149
   ・失敗する権利の保障 ──────── 150
6. 文化基盤型社会的企業と well-being ──────── 152

第5章　誰もが承認を得られる包摂型社会を

1. アンリミテッドが構想された背景と今後 ──────── 156
2. 日本の近年の動向 ──────── 159
3. 文化政策の深化によって包摂型社会への移行を ──────── 162

おわりに ──────── 167

参考文献 ──────── 169
索引 ──────── 172

第 1 章

社会的排除の克服に求められる
"承認" と "セルフエスティーム"

本章では、他者から存在を認められ尊重される“承認”が社会政策において必要だといわれはじめた経緯を紹介する。また、承認の際に必要となるコミュニケーションの手段として、言葉のみならず態度やしぐさなども含めた多様な表現が含まれることや、就労は承認という社会的次元からも必要であることを述べる。さらに、承認を得られる関係を構築するものとして注目されている“社会連帯経済”について紹介し、その具体例としてイタリアのアルテ・エ・サルーテ劇団の実践を取り上げよう。

1 ｜ 社会政策に求められる承認

　グローバル化と脱工業化が進展している今日、労働市場から安定した仕事が失われつつある。このような状況のなかでは、職業訓練を受けて技能を高めても、希望する職業に就けるかどうかの保障はない。家族のありようの変化もあいまって、日本の社会保障制度は根本からゆらぎ、多くの人々が不安を抱いている。厚生労働省が 2014 年 7 月にまとめた「国民生活基礎調査」によると、貧困線（2012 年に 122 万円未満に設定）に満たない世帯の割合を示す“相対的貧困率”は 16.1%、これらの世帯で暮らす 18 歳未満の子どもを対象にした“子どもの貧困率”も 16.3% となり、ともに過去最悪を更新した。齋藤［2011］は「貧困は、生の展望を自らひらいていこうとする意欲そのものを若年層から奪い、人生の出発点において社会から排除される潜在的な社会層をつくりだしている」と指摘したうえで、「社会保障制度は、人々がそれぞれ自らの生の展望を（再び）もつことができるよう支援する必要があ」り、それぞれの自由な生き方を支援していくためには「人々が互いをどのような者として承認し、尊重するかが、社会保障制度のあり方を考えるうえで決定的に重要である」（齋藤 2011：7）と述べている。

宮本［2009］は、社会のグランドデザインを再検討するために必要な視点として“生活保障”を提起している。生活保障とは、雇用と社会保障を結びつける概念である。大多数の人々が生活できる職業に就き、定年まで働き続けられた時代には、雇用と社会保障はそれぞれ別の次元に属する問題のように思われていた。なぜなら、多くの人が安定した雇用環境のなかで生活できていたときの社会保障は、労災や失業、疾病などまれに起きる困った出来事に備えるためのもので、雇用保障と社会保障はそれぞれ個別に調整すればよかったからである。しかし、残念ながらそのような時代は終わってしまった。いまは雇用と社会保障を強く連携させ、人々を社会から排除しない制度が求められており、「排除しない社会」の実現には、生活の張り合いを得られる居場所の確保と、財の再分配（経済的不平等の是正）だけではなく人々が誰かに存在を認められていること、つまり“承認”されることが不可欠だという。

　承認とは「他者の人格を自分と同様に自由で独立した存在であると認め、これを尊重すること」であり（大沢 2011：215）、1990年代以降の北米大陸での多文化主義をめぐる論争において注目されるようになった。そこで想定された他者とは、先住民や女性、障害者、セクシャル・マイノリティなど社会的に抑圧されてきた人々である。チャールズ・テイラー Charles Taylor は、現代の政治的紛争の多くが承認の要求をめぐって生じていると指摘したうえで、人間とは対話的存在であり、周囲の人々の適切な承認によってのみ自己の尊厳とアイデンティを獲得できると述べている。

──── 人間の生の、この決定的な特徴とは、それが根本的に対話的 (dialogical) な性格を持つということである。我々は、表現のための豊かな人間言語を身につけることによって十全な人間主体となり、自らを理解し、自らのアイデンティティを定義づけることができるようになる。ここでの目的のために、私は言語を広義に解釈したい。すなわち我々の話す言葉のみでなく──芸術、身ぶり、愛などの「言語」を含めて──我々が自己を定義づける手段となる他の表現形態をも含めたい。しかし我々はこれらの表現形態を他者との交渉

を通じて学ぶのである。人々は自己定義に必要な言語をひとりで獲得するのではない。むしろ我々は、我々にとって重要である他者（中略）との相互作用を通じて、それらの言語へと導かれるのである。(Taylor 1994：32=1996：47)

―― 歪められた承認は、適切な尊敬の欠如であるにとどまらない。それは自らを障害者にしてしまうような自己嫌悪を被害者に押しつけ、深刻な傷を負わせるものである。適切な承認は、我々が人々に与えるべき丁重さにはとどまらない。それは人間にとって生きるうえで不可欠な必要物なのである。(Taylor 1994：26=1996：39)

　テイラーが指摘するように、障害者が自身を障害者と認識するのは周囲の人々との関係によるところが大きい。そして適切な承認を行うには、互いに相手のことを深く理解しようとする姿勢が必要であり、言葉のみならず身ぶりなども含めた多様な表現を受け止めていくことが重要であろう。

2 | 社会的排除／包摂と就労、承認の関係

　承認への関心は、社会的排除／包摂論においても高まっている。アジット・S・バラ Ajit S. Bhalla とフレデリック・ラペール Frederic Lapeyre[2004]によれば、社会的排除の最大の特徴は所得の低さという一次元的な要因しかもたない貧困とは違って、多次元的な要因によって引き起こされる"状態"であるとともに、そこに至る"過程"にも着目した概念である。さらに、社会的関係の貧困という側面も見逃せず、排除された人々の子どもたちにも影響がおよぶため、継続的かつ柔軟な対応が必要だとされる。また、社会的排除要因の多次元性は、経済的次元・社会的次元・政治的次元におよび、排除された人々は社会的孤立やセルフエスティーム（自己肯定感）の

低下など、否定的アイデンティティを形成させることになるため、周囲から承認されることが重要なのである。

　貧困の概念を問い直す議論も活発に行われており、たとえばルース・リスター Ruth Lister [2004] は、物質的な面とともに、非物質的な面でも貧困を捉えるべきだと述べる。貧困は不利で不安定な経済状態としてだけでなく、屈辱的で人々をむしばむような社会関係としても理解されるべきだというのである。このような社会関係をリスターは「貧困の関係的・象徴的側面」と呼び、軽視や屈辱、尊厳および自己評価への攻撃、人権の否定、無力などを要素として挙げるとともに、再分配と承認の双方の観点を併せもつことの重要性を指摘する。

　ヨーロッパでは 1990 年代から社会的排除をめぐる理論と政策について活発に議論が展開されてきた。しかしながら、社会的排除が意味するものは必ずしも一様ではなく、とくにイギリスとフランスでの捉え方には大きな違いがあると、福原 [2006] は指摘する。イギリスでは、社会そのものを市場内で競争する諸個人の集まりと捉え、社会的排除とは市場に参加する個人の資源が欠如したことによって生じるものと考えられる傾向が強い。一方のフランスにおける社会的排除は、連帯にもとづく人々のつながりの断絶や、国家による社会的結束の保護の失敗としてみなされる。よって、イギリスでは物質主義的で個人主義的な側面が強いのに対して、フランスでは社会全体に関わるものとして、社会的な結びつきに関する問題を強調している。

　このような違いに関して中村 [2007] は、イギリスでの社会的排除をめぐる議論の火付け役はトニー・ブレア Tony Blair 率いる「ニューレーバー」だったという。本書の 2 章で詳しく述べるように、1997 年に労働党が 18 年ぶりに政権を奪回し、サッチャー政権以降の保守党政権時代に深刻化したとされる貧困や不平等の克服に向けて、フェビアン協会やデモスなどの労働党系のシンクタンクが政策構想を提言していた。そこで浮上してきたキーワードが社会的排除であり、ニューレーバーを掲げるブレア政権の重要な側面を形成していった。その例として「Social Exclusion Unit

（社会的排除対策室）」を首相直轄の部署として設置し、文化政策を多面的に展開していくことにつながった。加えて、アンソニー・ギデンズ Anthony Giddens などの国際的にも著名な社会学者たちが"社会的排除"という言葉を多用するにおよんで、従来の"貧困"概念を押しのけて主流の地位を占めるに至ったという。

　フランスでは、"排除"という言葉が政府の政策や大統領選挙の争点にまでなったのは 1990 年代以降とされる。なぜなら当時、失業への不安が人々の中心的な関心事となったからだ。かつてのフランスにおける"排除"とは、施設入所児童、アルコールや薬物依存者、精神病患者など社会の周辺に取り残された人々の状況を意味していたが、1990 年代以降は安定した雇用関係のもとで保護されていた人々にまでおよぶ不安となっていた。1992 年にフランスの失業者数が 300 万人を超えたことも、不安を感じさせるきっかけのひとつとなった。つまり、順調に経済成長を遂げていた時期が終焉を迎えて大量失業が発生する状況に直面した人々は、"排除"を他人事ではなく自分にも起こりえる問題として捉えるようになったのである。また中村は、フランス社会には家族や親族、コミュニティにおける人的関係を重視する人々が多く、人的関係の希薄化や崩壊を考慮できる"排除"概念には利便性があったのだと述べている。

　イギリスやフランスのように各国の捉え方に差異はあるものの、失業と貧困問題がヨーロッパ全体に共通した重要課題となるにつれて、EU も社会的排除という課題に対峙することとなった。当時、フランス社会党出身のジャック・ドロール Jacques L. J. Delors が欧州委員会委員長を務めていたことから、1992 年に発表された文書「連帯の欧州をめざして——社会的排除に対する闘いを強め、統合を促す *Towards a Europe of Solidarity: Intensifying the Fight against Social Exclusion*」において、社会的排除はフランスでの捉え方に近いものとして記されている。

　EU の社会政策において「社会的排除の克服」はもっとも基軸的なコンセプトとなり、貧困や失業、差別などのために社会から排除されている人々を、社会の相互的な関係に引き入れていくための政策が展開されて

いる。2008年9月のリーマン・ショックを引き金とするグローバル恐慌は、欧州に深刻な経済危機をもたらしたため、同年10月に欧州委員会は「積極的な社会的包摂active social inclusion」というアプローチを提唱した。これは福祉と雇用を連携させるものであり、①尊厳ある生活を送るために十分な水準の所得補助（最低限の所得保障の見直し）、②社会参加と就労への参入を支援するようなサービスの改善、③雇用機会と職業訓練による労働市場へのつながりの確保、という3つの政策を組み合わせたものである。この積極的な社会的包摂政策によって、「人々は排除された状態から社会のメインストリームを構成する一員として承認され、あわせて個々人が自己尊重を獲得しながら自らの生活を生きていくことが可能になるとされた」（福原 2012：95）。さらに福原は、上記のようにEUが社会的包摂をめぐる政策展開を雇用に結びつけたことに関して、「雇用は所得へのアクセスだけでなく、社会的な正当性や社会的な地位をも提供するといった多次元性の側面に注目し、雇用こそが社会的包摂の出発点と考えるのが正当な理解であろう」（福原 2006：16-17）と述べている。

　社会的包摂において就労が重視される理由を、アマルティア・セン Amartya Sen は次のように論じている。つまり就労とは、①所得、②生産、③承認という3つの側面から捉えられるものであり、①は物質的・非物質的な生活資源の購入を可能にする所得の獲得につながること、②は能力の活用を通して社会的に有用な財を生産することによって経済活動への参加をもたらすこと、③は人々に労力を割くに値する何かに従事しているという承認を与えることだという。言い換えれば、就労する機会を奪われていることは、「所得と生産の機会を奪う」という経済的次元における排除とともに、「社会における人間としての彼らの生産的役割が承認されない」という社会的次元においても排除されていることを意味する。

　本書では社会的排除を、フランスのように人的関係の希薄化や崩壊を考慮するものとして検討していく。また、センのいう生産を、競争至上主義の市場経済のなかで捉えるのではなく、後の4節で紹介する社会連帯経済において社会的価値を生み出すものとして把握する。なぜなら、日本では

近年、生産性をめぐる議論のみならず事件まで起きてしまったからだ。これらをふまえ、労働そのものや経済成長を問い直す必要があると考え、3章で検討していくこととする。

3 セルフエスティームと well-being

　承認と密接に関係するセルフエスティーム self-esteem とは "自己肯定感" "自尊感情" などと訳される概念で、心理学の分野で最初にこの概念を提示したのはウィリアム・ジェームズ William James である。1890 年の著書 *Principles of Psychology* のなかで彼はセルフエスティームについて、自分にとって価値のある領域での成功（あるいは失敗）の経験がセルフエスティームに影響を与えると述べている。さらに、セルフ（自我・自己）について物質的自己・精神的自己・社会的自己という 3 つの分類を行い、とくに社会的自己に関しては「本人が重要視している集団の数だけ異なる社会的自己があり、それぞれの集団の中では、それが期待するような自分の姿を示すこと」（遠藤 1992：9）を明らかにした。その後、モリス・ローゼンバーグ Morris Rosenberg が 1965 年にセルフ・エスティームを把握する方法として質問紙法（10 項目に対し 4 段階で評定）を発表し、広く用いられるようになった。ローゼンバーグは、セルフエスティームは自分を「とてもよい (very good)」と考える場合と、「これでよい (good enough)」と考える場合の 2 つの異なる意味があるといい、彼自身は後者を採用した。つまり、セルフエスティームが高いということは、他者と比較して優越感や不遜な考えを抱くことではなく、自分自身の価値基準に照らして自分を価値ある人間だと感じられることだとしている。

　ここで注意すべきは、「これでよい」という自己に対する価値基準をどのように設定するかであろう。生きる意欲にあふれているときは、「もっ

とがんばらなければ」と基準を高く設定してセルフエスティームは低くなってしまうかもしれない。逆にきびしい状況に置かれているときは「これでいい」と自暴自棄の念にからめとられてしまうかもしれない。よって、自分自身が定めた価値基準だけではなく、その人が所属している社会や集団から承認されているかどうかも考慮する必要があるだろう。この点からも、セルフエスティームは社会との関わりのなかで捉えられるべきものであると考えられる。

　セルフエスティームの重要性については、リスター [2004] も「尊重・敬意 respect」という言葉を用いて言及し、さらに貧困の関係的・象徴的側面から、自身がセルフエスティームを抱くことを他者から承認されたり、存在を肯定するような働きかけが周囲からなされることによってセルフエスティームはさらに高まることを指摘している。すなわち、セルフエスティームを確立するのは自分一人だけではむずかしく、「尊重・敬意」をもって接してくれる他者の存在が必要なのだといえよう。

　前節でふれたアマルティア・センは、飢饉や貧困のメカニズムを解き明かし、公正や分配の議論に大きく貢献したとして 1998 年にノーベル経済学賞を受賞した。センの学説で重視されている概念は "潜在能力（ケイパビリティ）" である。潜在能力とは「人が自ら価値を認める生き方をすることのできる自由」を意味し、どのような生活を送ることができるか、その生活のなかでどのような選択肢があるのかを重視している。具体的には、「よい栄養状態にある」「健康な状態を保つ」「長寿をまっとうする」「幸せである」「自分を誇りに思える」「教育を受けている」「社会生活に参加できている」など幅広く、さらに「人前で恥ずかしがらずに話ができる」「愛する人のそばにいられる」という状態も含まれる。こうしたさまざまな「なれること being」と「できること doing」を結びつけ、一人ひとりの状態や生き方を見きわめていく福祉 well-being が求められるとセンは提唱している。

　さらにセン [1992] は、貧困は基本的ニーズの欠如よりも能力の欠乏、つまり個人が自らにとってよいと思われるものを選択できないという状態

からの方が把握しやすいという。そして、公正な方法で優先的に分配しなければならないのは所得ではなく、各人が尊厳と良識をもった生活を送ることができるための自己実現の能力であると指摘した。つまり物質的財だけではなく、表現の自由や尊厳、セルフエスティーム、社会生活への参加など、一人ひとりが他者に承認された社会的存在となるために役立つものすべてを考慮することが、新たな貧困ともいえる社会的排除の克服には不可欠だと述べている。

　従来の福祉 welfare は国家ないし政府が巨視的に検討し制度化した社会保障を意味することが多かったが、well-being の視点に立てば一人ひとりの生活の質を見きわめ、潜在能力を発揮できる環境を整備することが必要になってくる。その際、セルフエスティームをはぐくむとともに承認を得られるような環境整備が求められることはいうまでもない。

4 │ 社会連帯経済という選択肢

　社会的排除を克服するには、就労を通じた承認が重要であることはすでに述べたとおりである。しかしながらグローバル化と産業構造の転換が進展している状況のなかで、雇用の創出そのものが減少し、排除された人々が社会的に承認され、セルフエスティームをはぐくんでいくことはますます困難になっているといえるだろう。そこで福原 [2012] は、承認を得られる関係を構築する場として "社会連帯経済" を提起する。

　社会連帯経済とは、もともと違う目的をもっていた "社会的経済" と "連帯経済" とが次第に融合したものである。前者の社会的経済は 19 世紀のフランスで、当時の社会的弱者であった労働者たちが経済的リスクから自分たちを守るために創り出したことを起源とする。共済組合や協同組合など、相互に協力して事業を行おうとする人々の自由意志にもとづき、一

人一票の運営原則など民主的な原則に従って団体を管理しようとしたものを意味する。

　後者の連帯経済の考え方や実践が登場したのもフランスで、起源は19世紀中頃までさかのぼるとされるが、現在につながる活動はオイルショック以降の1970年代からはじまった。経済成長の落ち込みによる長期失業者の増加や社会的排除問題の深刻化に伴って、刑余者や障害者、移民などを社会復帰させるための社会参加プログラムや教育訓練を実施する社会的企業が登場し、民間企業や公的機関では供給されない新しいサービスを供給する事業が行われた。こうした事業を行う団体は、社会的に排除された人々や既存の制度からこぼれ落ちている人々と連帯することが基礎となっているために"連帯経済"と呼ばれたのである。

　1990年代末頃から、競争至上主義の市場経済に対抗するものとして社会的経済と連帯経済は相互に接近して連携を強化する動きがみられ"社会連帯経済"と呼ばれるようになり、市場とは異なる社会的価値を創り出し、それにもとづく承認のあり方を提起している。このことをふまえて福原は、社会的包摂に向けての就労は市場経済である必要はなく、社会連帯経済という選択肢があることを提示している。

　本章の冒頭で紹介した宮本の、一人ひとりが存在を承認され雇用と社会保障が結びついた"生活保障"も、社会連帯経済のもとで構想されることによって、その実現可能性は高まるといえるだろう。

5 イタリアの社会的協同組合

　社会連帯経済の具体例として、ここではイタリアの社会的協同組合（cooperativa sociale）を紹介したい。

　70年代のイタリアでは、既存の福祉制度がうまく機能しなくなって青

年層の就労が困難になるという状況が生じ、雇用問題やそれに関連する社会参加の困難や教育機会の不足などを指摘する声が強まった。その後、"新貧困層"(社会的に排除された人々)と呼ばれる高齢者や障害者、ホームレス、薬物依存症患者、移民などの出現により、社会的ニーズに対応する新たな組織形態として 80 年代はじめに「社会的連帯協同組合」というアイデンティティが生まれ、市民サイドから法的位置づけを求める動きが起こった。社会的連帯協同組合は 80 年代末には 1,000 を超え、国に先立って地方政府での制度整備が進んだという。

　イタリアと日本をフィールドとし、協同労働事業に関して研究を積み重ねている田中夏子 [2005] によれば、イタリアにおける社会連帯経済[1]の担い手は主に 4 種の団体が挙げられるという。①アソシエーション(社会的活動を担う市民組織)、②ボランティア団体、③財団、④社会的協同組合が該当し、"非営利セクター""第三セクター"などと称される。④の社会的協同組合の前身は 70 年代末に「従来の制度的枠組みの中では耳を傾けられることのない、様々な『生きにくさ』や社会矛盾に直面する当事者たちが、自らの手でその克服を探るところから始まった」(田中 2005：iv)。つまり、まず市民が問題解決に向けて行動を起こし、次に州政府が非営利セクターと連携すべく制度的枠組みを整備し、そののちに国が法律を制定するというボトムアップで進展していったことが大きな特徴なのである。さらに、イタリアが"非営利・協同"をめぐって多くの示唆を提示するのは、営利企業とされる中小企業や職人企業のなかにも多分に"地域的公共性"や"社会的なるもの"が内包されて、利益獲得を最優先にしない企業が存在しているためであり、こうした社会的・文化的土壌があることはソーシャル・キャピタル(社会関係資本)を提起したロバート・パットナム Robert D. Putnam らによって明らかにされてきた。イタリア共和国憲法をみても、第 1 条に「イタリアは労働を基礎におく民主共和国である」との宣言があり、第 45 条には「共和国は相互扶助の性格をもち、私的投機目的のない協同組合の社会的機能を承認する」と協同組合の地位を規定するなど、労働を通じた社会参加を重視していることがうかがえる。

表1-1：イタリアにおける社会的協同組合の発展過程

区分	年代	社会的協同組合の社会的認知に関わる事項	資金調達
I 始 動 期	1970年代末～ 80年代前半	・「新貧困層」（高齢者、障害者、子ども、ホームレス、薬物依存、移民など）の出現により、新たなサービス提供の必要性が認識される。 ・社会的不利益を被る人々に対するサービス提供や、労働を通じた社会参加を求める実践が各地で発生。 ・上記の社会的ニーズに対応する組織形態として「社会的連帯協同組合」という新たなアイデンティティが生まれる。 ・法的な位置づけを求めて「社会的連帯協同組合法案」が1981年にはじめて提起される。	ほとんど自己調達。
	1980年代後半	・「社会的連帯協同組合」法制化議論が本格化、論争のなかで修正が繰り返される。 ・国レベルの法制化に先んじて、州（一部県）政府のイニシアティブにより、非営利セクターを社会的サービスの委託先として位置づける制度的枠組みが進展。 ・社会的弱者の労働参加の協同組合への着目が高まり法案でも積極的に位置づけることが確認される。	地方政府レベルで制度化が進み、部分的に公的資金の活用がみられるようになる。
II 承 認 期	1988～ 　　1991年	・89年憲法裁判所による判決により社会的サービスを行う市民運動に対する法的な認知が進む。 ・91年「ボランティア組織に関する法律」（国法第266号）および「社会的協同組合に関する法律」（国法第381号）が成立し、社会的協同組合はじめその他の非営利組織をめぐる法的認知が進展した。	公的資金へのシフトが進む。
III 地 固 め	1990年代前半	・381号法の成立を受けて、各州で社会的協同組合に関わる州法の整備が進む。 ・社会的協同組合への支援策および、行政と非営利セクターとの業務の受委託についてのルールづくりの進行。	公的資金への依存が大幅進行。

（出所：田中［2005］p.64 表 3-2 を一部改変して転載）

　EU における共通の課題として「社会的排除との闘い」が加わったこともあり、1991 年には「社会的協同組合に関する法律」381 号が成立した。この法律によれば社会的協同組合とは、「市民の、人間としての発達および社会参加についての、地域の普遍的な利益を追求することをめざす」組織とされ、活動内容やメンバー構成によって A 型と B 型の 2 種類に分けられる。A 型は社会福祉や保健、教育などのサービス運営を担う協同組合で

表1-2：イタリアにおける社会的協同組合の概要

	A型	B型
381 号法 第 1 条 （定義）	社会福祉、保健、教育などのサービスの運営を担う協同組合。	社会的不利益を被る者の就労を目的として農業、製造業、商業およびサービス業などの多様な活動を行う協同組合。
381 号法 第 4 条 （ハンディをもつ者）	A型については言及なし。	社会的不利益を被る労働者の数が報酬を受ける労働者の 30% を下回らない。
381 号法 第 5 条 （公共との契約）	A型については言及なし。	B型協同組合においてハンディをもつ者の雇用創出を目的とする場合、公共機関は公共事業の契約に関わる規定の例外として、協同組合との契約を結ぶことができる（随意契約など）。

（出所：田中［2005］p.70 表 3-4 を一部改変して転載）

あり、B型は社会的不利益を被っている者の就労を目的として農業、製造業、商業およびサービス業などの多様な活動を行う協同組合で、社会的不利益を被っている労働者の数が報酬を受ける労働者の 30% を下回らないこと（ちなみに、イタリアの障害者法定雇用率は 51 人以上の企業の場合は 7%）、同時に（不利益を被っている労働者は）その主体的な地位と両立させるべく、当該協同組合の組合員でなければならない、という規定がある。組合員であるということは意思決定のための議論と採決への参加が保障されていることを意味し、たんなる雇用創出や訓練事業にとどまらない当事者主権への志向が読み取れる。さらにB型組合はA型とは違って税の減免が受けられ、委託契約時に入札の必要がなく、随意契約が認められるという優遇措置もある。社会的協同組合はイタリア全土に広がっており、社会連帯経済の占める割合は、労働者数が全労働者の 7% 強、事業高においては GDP 比の約 11% だという（田中 2012a：248）。このような広がりは、社会的に排除された人々が仕事を得るだけでなく、他者から承認されてコミュニティの一員であるという実感をもつことができ、セルフエスティームをはぐくむことに大きく貢献している。

6 イタリアの精神医療改革と演劇

　社会的に排除されている人々に対して労働を通じて社会参加を促していこうとする社会的・文化的土壌がイタリアには根づいていることをふまえ、ここでは表現活動に焦点をあてた取り組みもあることを紹介しよう。

　イタリアはいち早く精神医療改革に取り組んだ、脱施設化の先駆者である。精神病は人間関係に起因することもあるため、投薬だけでは根本的治療にならず数十年も入院させられてきた患者も多い。人生のほとんどを閉鎖病棟で過ごし、他者に危害を加えないように拘束されるなど、深刻な人権問題ともいえる状況が少なからずあったため、先進国の多くは1960年代頃から脱施設化、つまり地域でのケアを模索しはじめた。イタリアでは精神科医のフランコ・バザーリア Franco Basaglia が、北イタリアのトリエステで精神病院の解体に着手したことに端を発する。大熊一夫はバザーリアの考え方を以下のように紹介している。

――― 鉄格子や鉄の扉の奥に押し込めることを正当化するような精神状態など、
　本来ないのだ。精神病者の、ときおりの暴力は、結果である。施設の中での
　抑圧で引き起こされた人間としての反応である。つまり、それは精神病院が
　引き起こす病気、精神病院などやめて人間的存在たりうる温かい状況に置く
　ことができれば、精神病者の暴力などなくなるのだ。（大熊 2009：37）

　改革に共感する人々は「病気は人間存在の中にある」「病人が生きることのできる装置こそが必要」「患者の人生に価値をもたらすものをつくることが大切」と考え、「自由こそ治療だ」という信念を掲げ、1973年に「民主的精神医学 Psichiatria Democratica」という組織を立ち上げて改革の推進力とした。そして、病院外での治療サポートシステムの設置を行政に認めさせ、入院患者を地域へ返す準備を進めていった。たとえば、それ

まで病院が管理していた年金を患者が自分で管理できるようにし、服装も患者専用のユニフォームではなく自分の好きな服を着られるようにした。すると病院の外へ出て、自分の食べたいものを食べたり、美容室で髪型を整えたりという自由を少しずつ取り戻し、自分らしさを再構築していくことによって病院スタッフの患者に対する見方も変わっていったという。

しかしながら、改革はけっしてスムーズに進行したわけではなく、多くの反対運動や対立が起こった。バザーリアたちはそのつど集会を開いて反対する人々との対話を積み重ねていった。そして 1978 年、精神保健法（180 号法、通称バザーリア法）が制定された。バザーリア法は精神病院の新設と既存の精神病院への新規入院、さらに 1980 年末以降の再入院を禁止し、予防と治療、リハビリは原則として地域精神保健サービス機関（通常は地域精神保健センター）で行うことと規定している。治療は患者の自由意志のもとで行われることとし、緊急介入が必要なときには強制治療ができるものの、病院への収容にはきびしい歯止めがかけられた。バザーリア法制定以前は「自傷他害の恐れがあり、公序良俗に反する」場合には強制的に精神病院へ収容できていたが、バザーリア法では精神科医に治安の責任を負わせていないことが大きな特徴である。「他害の恐れがあるかどうかは、警察の判断に任せるべきことで、精神科医の仕事ではない。精神科医は警察の役目を捨ててこそ患者と良い関係が築ける」（大熊 2009：109）という考えにもとづいている。法律が制定されて 20 年後、1998 年にはイタリア国内のすべての精神病院が機能を停止した。

経済協力開発機構（Organisation for Economic Co-operation and Development：OECD）が刊行した 2014 年の報告書[2]によると、2011 年時点でイタリアの精神病床の数は人口 10 万人あたり 10 で、OECD の平均 68 の約 7 分の 1 であることを示している（日本は長期入院患者が多く 1 位の 269 である）。また、自殺率は 2000 年から 2011 年の間に 13.4% 減少（OECD 平均は 7% 減）、双極性障害と統合失調症の患者の予定外の再入院率も減少しており、外来診療と地域ケアがよく機能していることの表れであろう。

高田［2019］によれば、バザーリアは精神医療改革の一環として文化・

芸術活動を積極的に推進し、1960年代の演劇・文学における前衛運動「グループ63」に参画したり、ノーベル賞を受賞した劇作家ダリオ・フォ Dario Fo らとも親交があったという。さらに高田は、イタリアでは障害者や服役中の受刑者による演劇が非常に盛んだといい、先駆的事例としてトスカーナ州ヴォルテッラのフォルテッツァ劇団を紹介している。1987年に活動を開始したこの劇団は、90年代に入り実験的な演劇活動として全国的に注目を集め、これにならってイタリア各地で受刑者による演劇活動が展開されるようになった。さらに、このような活動を演劇界のみならず広く知らしめたのが、タヴィアーニ兄弟（兄はヴィットリオVittorio Taviani、弟はパオロ Paolo Taviani）の監督・脚本による映画『塀の中のジュリアス・シーザー Cesare deve morire』（2012年）で、ベルリン国際映画祭で最優秀賞の金熊賞を受賞し、日本でも公開された。ローマのレビッビア刑務所に収容された服役囚がシェイクスピアの『ジュリアス・シーザー』を上演するという設定で、本物の受刑者たちが出演し、稽古から本番に至るまでの日々を、シェイクスピアの劇のテーマとそれを演じる者たちの精神的葛藤を交錯させながら描いている。

　その後、受刑者だけでなくホームレスや精神障害者を舞台に登場させる演劇活動が盛んになっていった。根底にあるのは、排除された人々を演劇活動によって社会に参画させようという社会的包摂の考え方であり、高田は「もともと集団で表現することを最大の特徴とする演劇は、社会復帰を促すという点で他の芸術様式にない有効性を持っているのではないだろうか」（高田 2019：105）と考察している。

7 | 創造都市ボローニャと演劇

　1960年代頃からはじまったイタリアの精神医療改革のあゆみのなかで、

積極的に演劇活動を採り入れていったのがエミリア・ロマーニャ州の州都ボローニャ市である。ボローニャは都市研究者のジェイン・ジェイコブズ Jane Jacobs が「創造都市」と呼び、劇作家の井上ひさしが市民自治の本質を描き出した『ボローニャ紀行』の舞台となったまちである。井上［2008］によると、1945 年 4 月、ボローニャ市民は街を占拠していたナチスドイツ軍およびイタリアファシスト軍と戦って自力でまちを解放し、革新自治体として戦後復興のあゆみを開始した。産業政策のみならず文化政策や社会政策の分野でも、市民が主体的に協同組合や非営利組織を立ち上げ、行政と連携しながら課題を解決してきた。「自分の住む場所にしっかり立って、力を合わせて生きることの楽しさ、誇らしさ」（井上 2008：141）は "ボローニャ精神" とも呼べるもので、人々のなかに息づいているのだ。

　佐々木［2001/2012］によると、ボローニャでは 1600 年代から演劇がはじまり、1800 年代にはイタリア国内の演劇集団の交流の中間地点として文化的にも経済的にも栄えたという。1800 年代にかけてボローニャには 8 つの劇場が生まれ、最盛期には約千人の演劇人が 1 万人の観客を相手にサッカー場のような広場で公演を行ったという記録もある。第二次世界大戦後には映画とテレビの普及によって演劇は一時衰退したものの、1970 年代に新たな動きが起こった。ヨーロッパ最古の大学で 1088 年に創立されたボローニャ大学が芸術音楽演劇学部を開設し、そこにダリオ・フォを招聘したのである。フォは劇団ヌォーヴァ・シェーナ Nuova Scena を率いて活躍し、国営放送がフォの舞台を全国中継するほどであったという。こうした動きに刺激を受けた人々が、協同組合形式で劇団を設立するようになり、さらに演劇は発展していった。ちなみに協同組合の形式を選んだのは「誰か一人が有力なリーダーとなるのではなく、全員が民主的に運営に参加するための形態であったから」（佐々木 2001：82）であり、協同組合形式で演劇活動を行っている劇団には行政から助成金が交付されている。「芸術文化を単なる『私的財』と考えるのではなく、公共的に補助すべき『準公共財』または『混合財』としての理解が市民の間に受け入れられている」（佐々木 2001:86-87）ためである。ちなみにフォが 1997 年にノーベル

写真1-1：ボローニャ市中心にあるマッジョーレ広場

文学賞に選ばれた理由は「鋭い政治観察と抱腹絶倒の喜劇を調和させ、中世の笑いを再現しながら、権威を引きずり下ろし、虐げられた人々に自信を与えた」からだとされる。演劇と社会的包摂との親和性がここにも感じられるであろう。

8 アルテ・エ・サルーテ劇団の実践[3)]

　市民に近しい存在としての演劇の歴史を有するボローニャに 1999 年、アルテ・エ・サルーテ Arte e Salute（イタリア語で「アートと健康」を意味する）劇団が設立された。劇団に所属するのはボローニャ精神保健局の利用者、つまり精神障害者であるが、劇団設立の目的は精神病の治療ではなく、プロフェッショナルとして演劇活動を行うことにある。設立を構想

写真1-2：公演ポスター

したのはナンニ・ガレッラ Nanni Garella で、ガレッラはボローニャ大学を卒業後、ボローニャの演劇学校で学び、1970年代に俳優や脚本家として活躍したのち、90年代に入って先述の劇団ヌォーヴァ・シェーナで演出も手掛けるようになった。さらに1993年から2013年までボローニャのアレーナ・デル・ソーレ劇場の芸術監督を務めた演劇人である。

　ガレッラは1999年、友人だった精神科医に「精神障害者たちとプロの劇団をつくりたい」という夢を語り、意気投合した2人はボローニャ精神保健局の責任者に掛け合って俳優養成のための助成金を申請したという。幸い、助成金の交付を受けられることになり、ボローニャ市の北部地域に居住する精神障害者を対象に演劇のトレーニングを開始した。2年後の2001年に他の地域を対象に別のグループを発足させるべく別の助成金を申請したところ、これも採択されて軌道にのったところで2つのグループを合体させた。人数が多くなったので精神保健局に所属する団体ではなく、独立した公益的非営利組織（Organizzazione non lucrativa di utilità sociale：ONLUS〔オンルス〕）としてアルテ・エ・サルーテは再出発することになった。オンルスとは社会的協同組合を発展させた組織であり、アルテ・エ・サルーテは独立したもののボローニャ精神保健局と連携して活動を行い、州政府からの財政支援を受けている。通常の劇団に比べて社会的事業のための組織という性格が強い。

　現在、アルテ・エ・サルーテは散文劇団、人形劇団、児童向け劇団の3

つの劇団とサイコラジオに分かれて活動している。散文劇団はナンニ・ガレッラ監督のもと、国立のアレーナ・デル・ソーレ劇場を拠点に、イタリア国内だけでなく国際演劇フェスティバル（バルセロナ L'Altre フェスティバル、北京南鑼鼓巷パフォーマンスアートフェスティバル）でも上演し、高い評価を得ている。加えて、2018 年 10 月には東京と浜松で『マラー／サド』の公演を行い、好評だったため 2020 年に東京・浜松・名古屋・大阪の 4 都市での再公演が決定し、それぞれ日本人の出演者を募集してオーディションが実施された。

写真1-3：テストーニ劇場外観

　1999 年の活動開始時に俳優養成プログラムへの参加者をどのように選んだのかとガレッラに質問すると、周囲の精神科医や生活支援員に「俳優になれそうな人あるいは才能を秘めている人」を推薦してもらい、障害程度とは無関係に選んだとのことだった。もちろん本人自身が俳優になりたいという意思を確認したうえでのことだが、ガレッラ自身は「最初から明確な判断基準をもっていたわけではなく、とにかくその場で判断しながら舟を漕いでいくようなものだった。仲間たちと方法論や進め方を模索していた」と語った。また、俳優としての才能を見込んで選んだ人々は偶然にも障害程度の重い人たちばかりだったという。つまり、選ばれた人々は単純作業のような既存の仕事は何もできない人々だったので、ガレッラにとっても大きな賭けだったが、「幻覚という症状は、役柄を理解するひとつの道具になる。私たちの俳優にとって幻覚は、役柄に入っていくために必

写真1-4：サイコラジオ番組制作の部屋

要なものだということを発見した」と話している。

　2年間の養成期間を経たのち、ガレッラが勤務していた国立のアレーナ・デル・ソーレ劇場での上演と、通常の公演と同じように観客にはチケットを買ってもらうことを決めて準備を進めた。初演は無事に成功をおさめ、そののちに俳優たちは演技が認められて劇場に所属するとともに、俳優としての給料を受け取るようになった。

　1999年に俳優として選ばれたのは12人で、そのうちの7人はいまも演劇活動を続けているという。現在も定期的にオーディションを行い、俳優になりたいという人を募っているが、選ばれるのはごく少数である。プロフェッショナルを育てるという明確な目的があるからであり、公益的非営利組織としてのアルテ・エ・サルーテ全体をみても、所属しているのは約60人と少数である。先述した3つの劇団あるいはサイコラジオの活動のいずれかに携わり、それぞれが仕事として成立している。それは給料を受け取っているということのみならず、俳優として承認され、セルフエスティームをはぐくんでいることを意味する。

児童向け劇団はボローニャ市内にあるテストーニ劇場を拠点にしており、この劇場はエミリア・ロマーニャ州でも最高レベルの劇場といわれている。そこで精神障害者がプロの俳優として舞台に立ち、子どもたちを感動させているという事実がある。エデュケーターを務めるコンチェッタ・ピエトロバッティスタ Concetta Pietrobattista は、「私は彼らの芝居をここですべて見てきた。どんなに彼らがすばらしいかは子どもたちの反応を見ていればわかる」とい

写真1-5：報告書『*Follia Scritta*』表紙

い、さらに「偏見を植えつけるのは大人なので、芝居を見る前にアルテ・エ・サルーテがどういう劇団かは子どもたちに説明しないでほしいと、学校関係者や保護者に伝えている」と話していた。

　サイコラジオは2006年から、精神障害に対する人々の偏見や先入観を変えようと活動を続けている。メンバーは精神保健局の利用者8人で、ジャーナリストのクリスティーナ・ラザーニ Cristina Lasagni がディレクターおよびコーディネーターとして関わり、毎週1回、番組編成会議を経たのちに30分の番組を制作している。番組内容は、当事者へのインタビューや、精神保健を扱った映画や芸術作品、マスメディアに対する意見など多岐にわたり、録音と編集作業もメンバーが取り組んでいる。また、月に一度は生放送も実施しており、番組が放送される地域はエミリア・ロマーニャ州のみならずイタリアの主要都市にも広がっている。2009年には大学と連携し、精神障害のイメージに関してジャーナリズムがどのような影響を与えるのか、8社の新聞記事を1年間にわたって分析し、『*Follia*

写真1-6：ヤコポ・フォの描いた壁画

Scritta（書かれた狂気）」という報告書にまとめた。最近ではジャーナリスト
を対象にした研修会にも招かれて、精神障害についてどのような言葉を用
いればいいのか議論することもあるという。さらにトスカーニャ州でも同
じようなラジオ放送を開始したいので、研修会に来てほしいとの依頼があ
ったそうだ。演劇活動だけでなく、ラジオ放送という媒体を通じて人々の
意識を変革しようと当事者自らが行動している。

　さまざまな成果を挙げているものの、アルテ・エ・サルーテのメンバー
になるのは狭き門なので、オーディションに落ちた人のケアはどうしてい
るのかを質問すると、担当している精神科医や生活支援員から本人へ「演
劇だけではない。演劇は無数にある選択肢のなかのひとつでしかない」と
伝えてもらっているとのことであった。ボローニャ精神保健局にはアル
テ・エ・サルーテのようなプロフェッショナルをめざす演劇活動だけでな
く、デイケア・センターで行う余暇活動的なものやスポーツ、文章を書い
たり料理をしたりするなど多彩なプログラムが用意されている。アート・

写真1-7：イレゴラーリ展ポスター

写真1-8：アートサークルのメンバーが描いた絵

サークルもあり、ボローニャ精神保健局の建物内にはダリオ・フォの息子ヤコポ・フォ Jacopo Fo が描いた壁画が飾られていた。理由をたずねると、ダリオ・フォがノーベル賞を受賞した際の賞金でつくった基金があり、その基金を運用している団体と約5年前から連携しているからとのことだった。アートサークルでは約20人が活動している。専用のウェブサイト[4]も開設されており、それぞれがアーティストとして自立できるように作品を販売できる仕組みになっている。2016年からは毎年10月に展覧会「Collettivo Artisti Irregolari Bolognesi」（ボローニャのイレゴラーリ・アーティストのグループ展）を実施し、作品発表の機会も設けている。ちなみに"irregolari"はイタリア語で「不規則な、イレギュラー」を意味し、「障害者の」という意味ではない。その点ではアール・ブリュットの本来の意味（西洋の芸術の伝統や教育などに左右されず自らの衝動のままに表現した芸術）に近いと考えられる。

9 プロセスをともに経験することから

　アルテ・エ・サルーテは新たな取り組みとして、ハイレベルな俳優養成講座を開講している。活動のなかでも人材育成をとくに重視しているので、そのための助成金を州政府に申請したところ採択されて、2018年から養成講座を開講できることになった。

　新たな講座の参加者をSNSなどを駆使して募集したところ、45人の応募があったという。精神科医やガレッラたちが選考委員となって、書類選考と面接を行って最終的に16人を選んだ。選ばれた16人の内訳は精神障害者8人と一般市民8人だったが、精神障害者の1人は辞退したため、7人と8人の計15人がいまは受講している。養成講座は週3回、1回につき4時間、加えて自宅での自己練習を1日、1年間で計500時間のカリキュラムになっている。教えるのは芸術監督や演出家、歌手などの専門家で、参加費は全員無料、参加に対する報酬もない。講座終了後には市内の小さな劇場で発表公演を行う予定で、もしアルテ・エ・サルーテの3劇団に欠員があればオーディションを実施して採用するという。

　この講座の特徴として、一般市民も参加していることが挙げられる。ボローニャ市のみならずエミリア・ロマーニャ州の政策として、アートを通じた社会的包摂の取り組みを推進しており、社会的弱者だけを対象にするのではなく一般市民も交えた事業にすることが求められている。理由をたずねると、「特定の枠を設けることは差別につながるから」との明快な答えが返ってきた。講座に参加している精神障害者は重度の人が多いが、講座への参加を通じて薬の服用量が減少したり通院日数が少なくなるなど状態は改善している。もし状態が悪くなってしまっても本人は「行きたい」という気持ちがあるので、知人に付き添いを頼んで参加しているそうである。無理してでも参加するのは、仲間意識がめばえてこの場に来るだけで安心するからだという。さらに、状態が落ち着いて、自分が誰かをサポー

トするようになると、そのことで自分に自信をもてるようになったメンバーもいるそうだ。

　変化は障害者だけでなく、同じ講座に参加している市民にも起こるであろう。日常的な接点を多様につくることが社会的包摂の具現化への道程なのだと考えられる。

　ボローニャ精神保健局局長を務めるアンジェロ・フィオリッティ Angelo Fioritti は、「誰にとっても仕事は重要だ。だからアルテ・エ・サルーテの使命のひとつに、精神障害者に仕事をしてもらうことがある」「精神病を完全に治癒することはむずかしいが、本人の身体的・精神的・社会的な健康度を増加させることは可能である」と語った。彼のいう健康度とは、世界保健機関の定義する"健康"にもとづくもので、「精神的健康とは、たんに精神障害でないということではない。一人ひとりが自らの可能性を実現し、日々生活するなかでのストレスに対処でき、生産的かつ実りある仕事をすることができ、コミュニティに貢献することができるという十全な状態である」とされている。さらにフィオリッティは「財政面からみても、アルテ・エ・サルーテに所属する約60人は働いているので入院費が不要、薬も少なくてすむし、給料を受け取っているから税金も納めている。活動費として年間約20万ユーロを行政が支援しているが、これは4人の精神障害者の入院コストとほぼ同額である。したがって、患者本人の健康度を上げることに税金を使ったほうが経済的メリットも大きいことは明らかである」と話していた。

　アルテ・エ・サルーテの実践は、地域のなかで暮らし、仲間とともに働くことを通じて、自らのアイデンティティを「精神障害者」ではなく「俳優」として構築していくことになっている。このような働き方は、文化経済学の祖とされるジョン・ラスキン John Ruskin が提唱した"オペラ"と呼んだ働き方に近いといえるだろう。ラスキンは、19世紀のイギリスで活躍した美術評論家であり、次第に経済学の研究にも没頭していった人物である。ヴェネチアのゴシック建築を至高のものとし、それらを生み出し

た職人の仕事に着目して、資本主義勃興期のイギリスにおける工場労働者の仕事と対比し、前者を"オペラ opera（ラテン語で「仕事」の意）"、後者を"レイバー labor（ラテン語で「労働」の意）"として区分した。オペラとは、自らの考えで自由に手を動かして石材の彫刻や加工に携わった職人たちの、生きる喜びの発露ともいえる仕事である。一方のレイバーは、支配者に命じられて分業をこなすだけの仕事であり、人間存在そのものが分割され生命は粉々に砕かれているとして、ラスキンはきびしく批判した。

　社会的排除をどのように克服していくかを考える際、たんに仕事に就けばいいというのではなく、生きがいに通じるような働き方ができているかどうかも重要である。経済的貧困だけではなく、他者からの承認を得てセルフエスティームをはぐくんでいくような精神的貧困からの脱却も重要な課題だといえよう。

注

1) 田中［2005］は"社会的経済"と記しているが、生きづらさに直面した当事者たちとの連帯を図ろうとする団体の活動を対象としているため、ここでは"社会連帯経済"とした。

2) *Making Mental health Count：The Social and Economic Costs of Neglecting Mental Health Care*
　http://www.oecd.org/els/health-systems/MMHC-Country-Press-Note-Italy.pdf より。

3) この部分の記述は次の3つのインタビュー調査にもとづいている。① 2019年9月14日名古屋にてナンニ・ガレッラおよびイヴォンヌ・ドネガーニ、②9月18日ボローニャにてアンジェラ・トメッリおよびアンジェラ・フィオリッティ、③9月19日ボローニャにてアンジェラ・トメッリおよびダニエラ・ミリオーニ、コンチェッタ・ピエトロバッティスタの各氏から話を伺った。

4) http://arteirregolare.comitatonobeldisabili.it/

第 2 章

アンリミテッドと
イギリスの障害者アート・ムーブメント

本章ではイギリスに視点を移し、日本の障害者アートへの関心の高まりをもたらした要因のひとつである“UNLIMITED（アンリミテッド）”に焦点をあてる。2012年ロンドンでのオリンピック・パラリンピック競技大会に関連して実施されたこのプロジェクトは、障害をもつアーティストたちが“承認”を求めるとともに、芸術分野での障害者の雇用増加をめざし展開したものだからである。そもそもアンリミテッドはなぜ構想されたのか、イギリスにおける社会政策と文化政策との関連も含めた背景や目的などを考察したのち、イギリスの障害者運動や文化的多様性の議論との密接な関係についても言及していこう。

1 イギリスの文化政策の転換

　1970年代のイギリスは「ヨーロッパの病人」と呼ばれるほど、深刻な経済の低迷状態に陥っていた。充実した社会保障制度や基幹産業の国有化などの政策によって、社会保障負担の増加と国民の勤労意欲の低下、既得権益の発生などの問題が相次いで発生していたからである。

　1975年に保守党党首となったマーガレット・サッチャー Margaret H. Thatcher が1979年に首相となり、「小さな政府」を掲げて新自由主義のもとに急進的で大胆な改革を展開した。サッチャリズムと呼ばれる一連の政策には、国有企業の民営化、金融引き締めによるインフレの抑制、財政支出の削減、税制改革、規制緩和、労働組合の弱体化などが含まれ、「ゆりかごから墓場まで」といわれた手厚い社会保障制度を削減し、福祉国家を解体することにもつながり、社会保障給付の後退は若年層や母子家庭を直撃した。労働組合の権利が剥奪されたこともあって、イギリスは低賃金社会となり、多くの人々が貧困状態に陥り、貧困と格差が拡大したために国民から大きな批判が起こった。さらに、所得額に関係なく18歳以上の

国民に一定額を課す人頭税の導入を強行して国民の不満が増大し、支持率が低下してサッチャー首相は辞職した。その後、18 年間におよぶ保守党への不満により「第三の道 Third Way」を標榜するトニー・ブレアが率いる労働党への政権交代を招くこととなる。

　1994 年 7 月、労働党の党首選において 41 歳のトニー・ブレアが勝利した。「彼の勝利が意味するのは『世代交代』であり、若さ自体を美徳として、また政治的メタファーとして利用した。1994 年 10 月の党大会のテーマは、『ニューレーバー、ニューブリテン』であった」(長谷川 2017：154)。そして 1997 年 5 月、イギリスの国政選挙において労働党が大勝し、18 年ぶりに保守党から政権を奪回して、当時 44 歳であったブレア党首が首相に就任した。若き首相は「クール・ブリタニア (カッコいいイギリス)」というキャッチフレーズを掲げ、国家ブランディング戦略を展開していくこととなる。当時の状況は、最後の植民地だった香港の中華人民共和国への返還 (1997 年 7 月) やダイアナ妃の死去 (1997 年 8 月) など、イギリスのブランド価値を減じるような出来事が相次いでいたため、100 年に一度の節目となるミレニアム到来を目前に、新しいイメージを発信する好機として「クール・ブリタニア」をキャッチ・フレーズにしたのである。

　たとえば、「Department of National Heritage：DNH (国家遺産省)」を「Department for Culture, Media and Sport：DCMS (文化・メディア・スポーツ省)」に名称変更し、宝くじの収益金を芸術文化や IT 教育などへ積極的に投資してクリエイティブ産業の振興をめざした。加えて「Social Exclusion Unit：SEU (社会的排除対策室)」を首相直轄の部署として設置し、文化を活用して「長期的な失業率の低減、犯罪の減少、よりよい健康と上質な生活に、重要な成果をもたらす」(Hewison 2014：29 ＝ 2017：42) ことを目標とした。換言すれば、「文化は公共政策のメインストリームへと押し出され」(Hewison 2014：29 ＝ 2017：43)、個人主義を奨励し起業家精神を称揚するブレア政権は文化を、イギリスの変革を達成する手段にしようとしたのである。

―――　英国の蓄積された文化資本は、脱工業化し空洞化した都市の経済を文化
　　が復活させるという都市再生だけでなく、社会再生の原動力としても機能し
　　始めるはずだった。貧困の問題、教育の機能不全、コミュニティ崩壊、そし
　　て犯罪さえもが、ハイカルチャーかローカルチャーかを問わず、文化を適用
　　することで、魔法のように変化するだろう。この社会的な目的は、明らかに
　　手段的だった。(中略) 文化政策は経済政策の一部となった。(Hewison 2014：6
　　= 2017：15-16)

　ブレア政権になるまでのイギリスの文化政策は、教養人や富裕層の娯楽
を助成するためのものであり、「英国の文化政策の一貫したテーマは排他
性だった」とする痛烈な批判もあった (Hewison 2014：22 = 2017：35)。その
後のブレア政権の方針にもとづく文化政策の転換は、労働政策や社会政策
にも成果をもたらし、社会的排除という社会課題の解決にも有効なものに
なりえると認識され、「クール・ブリタニア」への期待はいっそう高まっ
ていったのである。
　ところが、2001 年 9 月 11 日アメリカで同時多発テロ事件 (9.11) が発
生し、全世界に衝撃を与えた。イギリスは世界中からの移民を受け入れ
ており、民族的にはきわめて多様性に富んでいる。また内政的にみても、
1999 年にスコットランドとウェールズにおいて独自の議会が設置される
など、連合王国を構成する各地域において個々のアイデンティティの再構
築が行われはじめた。こうした状況のなか、イギリスをひとつのアイデン
ティティで総括することが困難になったため、「クール・ブリタニア」の
ような単一の目標に収斂させるのではなく、2002 年以降のイギリスの文
化政策は「文化の多様性 cultural diversity」をより強く指向していくこ
ととなった (太下 2009：131)。

2 ロンドン五輪文化プログラムへの期待

　2005年5月5日に実施された総選挙でブレア政権はかろうじて勝利し、第3次ブレア内閣が発足した。その2カ月後の2005年7月6日、シンガポールで開催されたIOC (International Olympic Committee：国際オリンピック委員会) 総会において、パリ、ロンドン、ニューヨーク、モスクワ、マドリードの5都市のなかから開催地を決定する投票が行われ、4回目の投票でロンドンはパリを破り、2012年にロンドンオリンピック・パラリンピック競技大会（以下、ロンドン五輪）の開催が決定した。じつは、選考過程ではパリのほうが優勢だとみられていたのだが、なぜロンドンが勝利したかといえば、文化プログラムの提案内容がすぐれていたからだとされる。太下義之は、第3回「東京都芸術文化評議会」（2008年2月14日）におけるジュード・ケリー Jude Kelly（ロンドン五輪文化教育委員会最高責任者）の発言を以下のように紹介している。

──── 正直に言いますけれど、（オリンピック立候補ファイル全般の提案内容については）パリの方がロンドンよりも中身は良かったのです。でもどうしてロンドンが勝ったのか、と言いますと、ロンドンの方が熱のこもった提案をしたからです。……多くの若者の人生をより良いものに変えて、そして世界とつながるためにオリンピックを開催したいのだ、と。
　ロンドンのオリンピック招致では、"Sports"という言葉を使わずに、"Culture"という言葉で活動を展開したのです。……若者の特権というものは、スポーツだけにあるのではなく、むしろイマジネーションにこそあるのです……IOC (International Olympic Committee；国際オリンピック委員会) は、オリンピックを招致しようとしている都市が、オリンピックによって文化面で何を達成したいのか、そして、それがいかに文化政策につながって、持続可能なものとなっていくのか、という点に関して、提案をぜひ聞きたいと思ってい

るのです。(太下 2012：114)

　五輪大会開催にあたっては、オリンピズム（オリンピック精神）の普及を
めざす観点から、スポーツ競技と同時に文化芸術の振興も重要なテーマと
なっている。根拠となるのはIOCが定めたオリンピック憲章の前文に続
く「オリンピズムの根本原則」の冒頭に、「オリンピズムは肉体と意志と
精神のすべての資質を高め、バランスよく結合させる生き方の哲学である。
オリンピズムはスポーツを文化、教育と融合させ、生き方の創造を探求す
るものである」[1]と記されているとおり、近代オリンピックは当初からスポ
ーツと文化・教育とを融合させるべきものだった。近年はとくに文化プロ
グラムが重視されており、大会開催年を含む4年間にわたって文化プログ
ラムを展開することが開催都市には求められている。

　ロンドン五輪の文化プログラムは、開催都市となったロンドンだけでは
なく、イギリス全土を対象に展開された。その背景を太下は以下のように
分析している（太下 2017：24-25）。
①イギリス全土でオリンピックのムーブメントを盛り上げていくための戦
　略的なコミュニケーション・ツールとして"文化プログラム"が位置づ
　けられ、さらに閉幕後には、ロンドンをハブとする文化面での全国的な
　ネットワークが、オリンピックのレガシー(遺産)として残ることが期待
　された。
②文化多様性の観点から、ロンドンだけがイギリスの文化を代表するわけ
　ではないという考えがあり、これはロンドンがオリンピック招致活動を
　展開しはじめた時期（2002年頃）から、先述した「クール・ブリタニア」
　というキャッチフレーズを使用しなくなったこととも関係するであろう。
③ロンドン五輪の開催決定の翌日（2005年7月7日）に、ロンドンの地下鉄
　3カ所がほぼ同時に爆破、その約1時間後にバスが爆破され、計56人が
　死亡するテロ事件が発生した。背景には政治的・民族的・宗教的などの
　要因が考えられるが、地方都市の若年層がきびしい生活を余儀なくされ

未来に希望をもてないこともひとつの要因だと考えられる。そこで、地方都市の若者たちの不安や焦り、悲しみなどを和らげる社会的包摂のプログラムが期待された。

3 アンリミテッドとは

このように 2012 年のロンドン五輪において、当時のイギリスが直面していた課題の解決という意味でも文化プログラムには期待が寄せられることとなり、そのなかで主軸のひとつとなったのが"アンリミテッド"である。

アンリミテッドは、障害のあるアーティストによる創造性あふれる活動を支援することを目的として 2009 年にはじまったプロジェクトで、アーツ・カウンシル・イングランド、クリエイティブ・スコットランド、アーツ・カウンシル・オブ・ノーザン・アイルランド、アーツ・カウンシル・オブ・ウェールズ[2]、ブリティッシュ・カウンシル[3]のパートナーシップによりスタートした。

アンリミテッドの目的として主に 4 つの分野を横断する包括的支援、すなわち①障害のあるアーティストによる作品制作のための資金助成と制作委託、②制作の際に必要となる専門技能の育成、③制作された作品の上演や展示、④アーティストの国際進出ならびに国際コラボレーションの促進、が掲げられた。

①はすぐれた才能を発掘するためにロンドンだけでなくイギリス全土の障害者を対象に、2010 年から 2011 年にかけて 3 回の公募が行われ、その結果、計 29 の新しい作品制作が委託された。

②は資金助成を受けて作品を制作することになったアーティストを対象に、プロデューサーやフェスティバル主催者などから制作上のアドバイスや

トレーニングを受ける機会が提供された。

③は文化プログラムのフィナーレを飾る「ロンドン 2012 フェスティバル」において、①によって完成した作品が披露された。このフェスティバルは、オリンピック開催の 1 カ月前となる 6 月 21 日にスタートし、パラリンピックが閉幕する 9 月 9 日まで 12 週間にわたってイギリス全土で開催されたものである。加えて、パラリンピックの会期中、8 月 30 日から 9 月 9 日にロンドンのサウスバンク・センターで実施された「アンリミテッド・フェスティバル」でも作品が披露された。

④は作品制作の際にイギリス以外のアーティストとのコラボレーションを奨励したり、完成した作品を世界各国で上演するための支援が行われた。五輪には世界各地から選手が集まるため、その精神を受け継ぐ意味で国際コラボレーションを重視したということである。

上記 4 つの目的のもと、柱として展開されたのは以下の 4 プログラムであった。

a) アンリミテッド・コミッション（Unlimited Commissions：UC）

障害のあるアーティストの新たな作品制作を助成する（2010 年から 2011 年にかけては先述のとおり 29 作品が選定された）。

b) アンリミテッド・タレント（Unlimited Talent：UT）

UC の助成を受けることになったイギリス内外のアーティストを対象とした育成プログラム。アーティストやプロデューサー、フェスティバル主催者などから、作品をつくるうえでのアドバイスやトレーニングを受ける機会を提供する。

c) アンリミテッド・プレゼンツ（Unlimited Presents：UP）

UC の助成により制作された作品が、文化プログラムのフィナーレを飾る「ロンドン 2012 フェスティバル」や、イギリス各地の劇場およびフェスティバルで発表されるよう支援する。

d) アンリミテッド・インターナショナル（Unlimited International：UI）

UC、UT を通じて、イギリスと他の国の障害のあるアーティストが協働し、それぞれの文化について学び交流することを支援するほか、UP

の一環として、世界各国で作品が発表されることを支援する。イギリスと諸外国のアート関連団体による対話を広げ、アートやスポーツ、社会全般のなかで障害者が直面している課題について探ることも行う。

　アンリミテッドが作品を公募する際の手順などについても少しふれておこう。募集する分野はダンス、文学、音楽、演劇、視覚芸術、その他、となっており、申請者はこのなかからひとつを選んで申請書類を作成して応募する。その際、「サージェリー surgery」と称する支援サービスが行われているので、希望すればアンリミテッドのスタッフによる個別相談も受けられる。直接会って面談する場合もあれば、スカイプや電話などでも対応してくれる。

　選考にあたったのは15人の委員で、半数以上は障害者で構成された。ロンドン五輪の組織委員会と先述した4つのアーツ・カウンシル、およびブリティッシュ・カウンシルなどの関係機関から一人ずつが委員となり、15人のうち5人は一般公募を行い、アンリミテッドに情熱をもって関わろうとする人々が選ばれた。作品の選考基準は「障害者が主導して制作する作品」「質の高い作品」「革新的かつ野心的な作品」という3つで、委託者側から作品の方向性やテーマに関して指示を出すことは一切ない。

　こうして生み出された作品は高く評価され、障害のあるアーティストたちの活躍の場を大きく広げた。たとえば、車イスに乗って水中パフォーマンスを行うスー・オースティン Sue Austin の作品 "Creating the Spectacle（スペクタクルの創造）" は多くの人々を魅了し、アンリミテッドのアイコンとして写真や映像が用いられている。

　オースティンは病気の進行によって1996年頃から車イスを使うようになり、「車イスを使いはじめたことで圧倒的な自由を得た」「車イスは新しい特別なおもちゃとなった。走り回って再び風を感じ、屋外にいるだけで爽快だった」と述べている[4]。その半面、周囲の人々は車イスに乗っている彼女をみると "限界" "哀れ" "制限" などのネガティブなイメージが先行し、彼女への接し方が変化してしまった。その変化はオースティンに少しずつ

影響を与え、自らのアイデンティティが変化しそうになったという。そこで彼女はそうした影響を払拭しようと、車イスを使う楽しさや自由な感覚を伝えるための創作活動を開始した。自己のアイデンティティを守るとともに、人々の先入観を変えるためである。

　2005年からスキューバダイビングをはじめると、車イスと同じように自らの行動範囲を広げられることがわかった。ダイビングの道具から連想されるイメージは"刺激""冒険"なので、彼女は「正反対のイメージをもつ車イスと一緒にしたらどうなるのか？」と考え、新たな挑戦をはじめた。そしてアンリミテッドに応募したところ採択され、技術スタッフにも支えられ、2012年8月に"Creating the Spectacle"を発表した。作品を見た人々は「私も同じもの（水中車イス）がほしい」「あなたにできるなら、私にも不可能はない」などの感想を伝えてくれたという。既成概念を打破し、新たな気づきを与えられたという手ごたえを感じたオースティンは、「人は他人とは違うからこそ見いだせる価値があり、"喪失"や"限界"ではなく、それがもたらす"喜び"に着目することによって、刺激的で新たな視点から世界を見るパワーと喜びを発見するのではないか」と述べている。

4｜ロンドン五輪後のアンリミテッドの展開

　2009年から2012年にわたって行われたプロジェクトの成功を受け、そのレガシー（遺産）を継承するアンリミテッドを実施することを、2013年8月にアーツ・カウンシル・イングランドが発表した。150万ポンドの資金を提供して、クリエイティブ・スコットランド、ブリティッシュ・カウンシル、サウスバンク・センター、ダダフェストとの協力のもと、新たなアーティストの発掘や作品の委託に加え、メンタリングなどの支援を行いつつ、2014年から2016年の3年間にわたってプロジェクトを展開すること

表2-1：アンリミテッドの主なあゆみ（2012〜2020）

時期	出来事
2012 年以前	アンリミテッドは 2012 年ロンドン五輪の文化プログラムの主軸のひとつであり、イギリスの 4 つのアーツ・カウンシルとブリティッシュ・カウンシルの参加を得た。スー・オースティンの象徴的な水中車イスのインスタレーションを含む 29 作品の制作が委託され、800 万人以上が視聴した。
2012 年 9 月	ロンドンのサウスバンク・センターで初の「アンリミテッド・フェスティバル」が開催され、障害のあるアーティストによって制作された作品が世界中の観客に披露された。
2013 年 8 月	アーツ・カウンシル・イングランドはアンリミテッドの意義を認め、2016 年まで実施するために支援継続を決定し、150 万ポンドを提供した。
2013 年 9 月	シェイプとアーツアドミンがアンリミテッドの運営団体に、ジョー・ヴェレントがシニア・プロデューサーに選ばれた。
2013 年 9 月	スピリットオブ 2012 がアンリミテッドに資金を提供し、若いアーティストを支援することになった。また、クリエイティブ・スコットランドもスコットランドの障害のあるアーティストを支援するために資金を提供した。
2014 年 9 月	サウスバンク・センターでの 2 回目の「アンリミテッド・フェスティバル」が開催された。ブリティッシュ・カウンシルの支援もあり、海外から約 100 人の代表者が集まった。
2015 年 3 月	アンリミテッドが制作を委託した作品が発表された（第 2 ラウンド）。
2016 年 5 月	アーツ・カウンシル・イングランドがアンリミテッドを 2020 年まで継続することを発表した。アーツ・カウンシル・オブ・ウェールズとスピリットオブ 2012 も支援継続を決めた。
2016 年 9 月	サウスバンク・センターでの 3 回目の「アンリミテッド・フェスティバル」が開催され、グラスゴーのトラムウェイでも開催された。
2017 年11月	障害のあるアーティストや団体から 200 件以上のアンリミテッド（研究＆開発部門と新進アーティスト部門）への応募があり、過去最高の件数となった。
2018 年 9 月	サウスバンク・センターでの 4 回目の「アンリミテッド・フェスティバル」が開催された。
2020 年10月	アンリミテッド終了の予定。

（出所：https://weareunlimited.org.uk/about-unlimited/our-history/ をもとに筆者作成）

写真2-1：ロンドンでのコーナスメンバー　　　　　　　　　　（提供 コーナス）

になったのである。翌9月には、五輪組織委員会から独立したアンリミテッドの運営に携わる組織としてシェイプアーツ Shape Arts（以下、シェイプ）

写真2-2：ライブペインティングをする西岡弘治
（提供 コーナス）

とアーツアドミン Artsadmin が選ばれ、さらに全体を統括するシニア・プロデューサーとしてジョー・ヴェレント Jo Verrent が就任した。ヴェレント自身、障害をもったアーティストであり、2009年から2012年に実施されたアンリミテッドにおいて一般公募で選出された委員の1人でもあった。第2ラウンドを迎えることになったアンリミテッドは、ロンドンのサウスバンク・センターで2014年と2016年に、グラスゴーのト

ラムウェイでも 2016
年にそれぞれ「アンリ
ミテッド・フェスティ
バル」を開催し、新た
な作品を披露すること
が決定した。

なお、2016 年 9 月サ
ウスバンク・センターで
の「アンリミテッド・フ
ェスティバル」に合わ

写真2-3：ライブペインティングをする植野康幸（提供 コーナス）

せて展覧会が開催され、大阪市に拠点をおく「アトリエコーナス」所属の
作家 3 人の作品が展示された。これは前節でふれたアンリミテッド・イ
ンターナショナルの一環であり、展覧会の期間中、コーナス代表の白岩髙
子と作家の植野康幸・西岡弘治・大川誠の母[5]およびスタッフがロンドン
に招待され、講演会やライブペインティングが行われた。コーナスは拙稿
[2019] で紹介しているとおり地域に根ざした活動を展開しており、低賃
金の単純作業をやめて表現活動を採り入れながら、重度障害者といわれる
メンバー一人ひとりのセルフエスティームをはぐくむ活動を継続している。
ロンドンへの招待をアンリミテッドから打診された際、保護者らは長時間
のフライトに耐えられるのか心配したそうだが、綿密な計画を立てて事前
準備を行って無事に渡英し、現地での役目を立派に果たして帰国した。こ
うした一連の経験が作家たちの自信になったことはもちろん、保護者を含
め周囲の関係者の意識を変えることにつながった。アンリミテッドがもた
らすものは、広範にわたっているといえるだろう。

　アンリミテッドのスタッフはヴェレント以外に 4 人、シェイプとアーツ
アドミンのスタッフ各 2 人が兼務している。加えて毎年 1 人、障害者を有
給インターンとして雇用している。アートマネジメントのスキルをもった

写真2-4：サウスバンク・センター周辺の風景

人材を育成することも重視しているからであり、ほぼ未経験の障害者を対象に公募している。インターンとして採用されれば、約1年間実践を通じて学んでいくことになる。なお、インターン制度はアーツアドミンが長年実施してきた制度をアレンジしたもので、アンリミテッドが対象を障害者にしているのは、文化セクターで働く障害者の割合を増加させたいという考えが根底にあるからだ。

　ヴェレントにインタビューした際[6]、「アンリミテッドには専用の事務所がなく常勤雇用のスタッフもいないのは、運営そのものにお金をかけたくないからだ」と話していた。その理由をたずねると①多様な組織と連携したほうができることが広がる、②お金はできるだけ作品制作のために使いたい、との答えが返ってきた。①は、たとえば演劇作品を上演する際、既存の演劇団体と連携して障害をもったアーティストとの協働作業をしたほうが、お互いの経験値を積み重ねていくことができるからだという。インターン制度と同様、文化セクターで働く障害者を増やすために、まずは出会いと交流の機会をつくることも企図している。②は、助成金の約75%

が採択されたアーティストに支払われているとのことだった。

　2014年から2016年にわたって実施されたアンリミテッド・ラウンド2には、全体で209件の申請があり、うち9件が採択されて作品が制作され、2015年5月から2016年10月までに発表された。

　アンリミテッドの成果のひとつは、障害のあるアーティストにチャンスを提供するとともに、すぐれた芸術作品を生み出す能力をもっていることを多くの人々に認知させたことだといえよう。さらに、国際文化交流機関であるブリティッシュ・カウンシルが参画していることにより、アンリミテッドに参加したアーティストや生み出された作品が海外でも広く認知され、アーティストとしてのキャリア・アップに貢献した。ブリティッシュ・カウンシルのプログラム・マネージャーを務めるキャロル・マックファデン Carole McFadden にインタビューした際、[7]「私は2012年のアンリミテッド・プログラムを担当していた。“アンリミテッド・インターナショナル”として、イギリス・中国・ブラジル・南アフリカ・ドイツ・日本・クロアチアのアーティストとともに5つのプロジェクトを実施した。世界各地のプロモーターや芸術機関、ブリティッシュ・カウンシルが拠点をおく各国の人々に向けて広報活動を展開したり、障害のあるアーティストがスムーズに移動できるよう飛行機やホテル設備などの調査も実施した。さらに、障害者が主導するグレイアイ・シアター・カンパニー代表のジェニー・シーレイの講演会や研修会を東南アジアやオーストラリアなどで開催し、障害者がアーティストとして活躍できる環境づくりのアドバイスなどを行った。私たちが成し遂げたいのは、たとえ障害のあるアーティストであっても非常に質の高い作品を制作できることを大勢に認知してもらい、いずれは『障害者がつくった』という前置きをわざわざしなくてもいいようにすることだ」と話してくれた。

　アンリミテッドによって生み出された作品を上演・展示した文化施設にも変化がみられた。たとえば、ロンドンの大規模な芸術関連複合施設であるサウスバンク・センターにおいて、2012年から2年に一度「アンリミテ

ッド・フェスティバル」を開催することによって、障害者のアクセスに対して意識が向けられるようになり、アクセス・マップが作成された。このような変化は他の文化施設にもみられるという。

　このように多くの成果があがってはいるが、課題も残されている。アンリミテッドに参加したアーティストにインタビューした際、問題提起のような発言があった。
　「アンリミテッドはさまざまな面でサポートしてくれる。世界中のいろいろな人にも出会えたし、すばらしいプログラムではあるが完全ではない」というので理由をたずねてみると、「今回は自分のつくりたい作品のテーマが"障害"だったので、アンリミテッドにふさわしいと思い応募した。私自身は約30年前に背中をケガし、最初の3年間はまったく歩けず、10年間は病院にいた。その後、仕事を再開したが"障害者"というカテゴリーに位置づけられたくなかった。障害者であることを前面に出すと、自分のつくった作品が正当に評価されないのではないかという不安が常にある」とのことであった。さらに、今後も機会があればアンリミテッドに応募するかを質問すると、「次は申請しない。障害アーティストと呼ばれるところから元へ、メインストリームに戻りたいから」とのことであった。質問に答えてくれたアーティストは中途障害者であり、大きなケガをするまでにさまざまなスキルを身につけたり人的ネットワークをある程度は構築できていたりしたこともあって、自分が"障害者"として位置づけられることへのとまどいや、自身の作品に対する評価にも不安を感じるのだろうと推察される。
　一方、先天的な障害者や若い世代のアーティストの場合は、相対的に経験が浅いと思われるため、作品のプロデュースに関しても支援してくれるアンリミテッドのようなプロジェクトは大きな意義があると考えられる。また、一人ひとりのニーズにきめ細やかな対応をしていくことは、障害者のためだけではなく、文化セクター全体の充実に寄与するものとなるであろう。

1970年代に活性化したイギリスの障害者運動は"社会モデルSocial Model"を提起し、社会全体の変革を希求した。社会モデルとは、それまで多くの人々が抱いていた「障害は個人の身に起こった不幸な出来事」というイメージを転換するもので、インペアメントimpairment（心身の機能障害）とディスアビリティdisabilityとを区別し、後者を「現代社会に起因する、メインストリームから排除されている活動の制限や不利益」

写真2-5：アンリミテッドが2019年3月に発表したプレスリリース

と定義した。つまり、障害は社会制度上の不備によってもたらされるものであり、障害者disabled peopleとは「できない人々」ではなく「できなくさせられた人々」「社会によって能力を奪われた人々」だという主張である。

　アンリミテッドが、作品制作のサポートなども含めてさまざまな機会を提供したことは、社会の側が支援制度を整備したことによって一人ひとりの能力abilityが発揮された、すなわち社会モデルにもとづいた具体的な障害者支援のひとつだといえるだろう。ヴェレントは、「これまで障害者はかわいそうと思われることが多かった。しかし、障害のあるアーティストや彼らの優れた表現に触れ、むしろ一般の人が障害者へのバリアをなくし始めた。彼らに対する社会の障壁がなくなれば、アンリミテッドは自然消滅する」[8]と述べている。しかしながらアンリミテッドの挑戦はいまなお継続しているので、取り払うべき障壁はまだまだ残されているということであろう。実際、2019年5月に公開されたインタビューでジョー・ヴェレントは次のように語っている[9]。

―― 仕事が終わったかと自問すると、答えは"ノー"。いまは緊縮財政と政治的混乱によって後退したとさえ感じられるし、個人的には「仕事が終わった」というにはさらに5年から8年が必要と考えている。

―― 私たちの最大の強みは、障壁が取り除かれ、障害のあるアーティストが卓越性を達成できると実感していることだ。しかし私がもっとも問題だと感じるのは慈善団体で、多くの国ではいまだに障害をもつことは悲劇に等しいと考えられているし、アート活動は治療のためだと位置づけられている。そうではなく社会変革のためのアート活動だということを伝えることが、私の国際的な挑戦のひとつである。

―― NDACA (the National Disability Arts Collection and Archive) というウェブサイトの開設によって、イギリスで展開されてきた障害者アート・ムーブメントの遺産が保存され、アクセス可能になっている。しかし、より大きな世界規模で揺さぶりをかけていくには、メインストリームでの議論を浸透させていかねばならない。遺産を通じ、多様性を価値として人々の団結を求めていくことが必要だ。未来は私たちの手のなかにあり、どのような貢献をしたいのかを考えることはすべての人々の責任である。

5 障害観の転換をめざすシェイプ

アンリミテッドに対する理解を深めるために、ここでは運営に携わっているシェイプとアーツアドミンについて紹介しよう。

シェイプは1976年に設立された障害者が主導する芸術団体で、設立当初から"社会モデル Social Model"にもとづく活動を展開している。創始者はダンサーだったジーナ・レヴェテ Gina Levete で、アートにふれる機

会のほとんどなかった人々に創造的な機会を提供しようと考えたことがきっかけである。障害児を対象にしたダンスのワークショップをはじめ、さまざまな分野のアーティストの協力も得ながら、長期入院中の精神科病院の患者を対象にした音楽ワークショップ、ホームレスの人を対象にした自分の人生を振り返るための写真撮影のワークショップ、介護中の高齢者を対象にしたパントマイムによる表現ワークショップなどを継続的に実施した。レヴェテは「これらのワークショップを継続的に実施し、わずかでもアートにふれることは、障壁を打ち破るとともに、異なるグループ間のコミュニケーションを促進するすばらしい方法であることをますます認識している」と語っている[10]。彼女の実践は1章1節で紹介したチャールズ・テイラーの、多様な表現を互いに受け止めながら適切な承認をもたらす関係を築いていくことといえるだろう。

40年以上にわたって活動しているシェイプは、政治的状況による予算削減などの影響を受けながらも着実に成果を積み重ねてきた。活動の根幹となっている哲学は、すべての障害者が芸術文化への完全参加の機会を得るべきという考えであり、鑑賞者としてのみならずアーティストやアート・マネージャーなど芸術文化の分野で仕事をしたいと考える人も含め、多様な機会が保障されるような環境整備に努めている。この機会とはもちろん、芸術文化のメインストリームに対してであるため、"包摂 inclusion""野心 ambition""創造性 creativity""卓越 excellence"という4つの価値観を重視し、文化施設や政府への働きかけも積極的に行っている。1991年にはシェイプが、障害者芸術と文化のセミナーをはじめて実施するなど、議論を積み重ねながら活動に反映させている。2016年10月に40周年の記念式典をロンドンの国立劇場で開催したことからも、活動実績が評価されている様子がうかがえよう。

近年の具体的な事業としては、①アダム・レイノルズ記念奨学金、②シェイプ・オープン、③シェイプ・コレクション、④NDACA、⑤アンリミテッド、が挙げられる。

①は、障害のある中堅アーティストを支援するための奨学金制度で、シ

ェイプとしては旗艦となる賞でもあり、2008年に創設された。選出した
アーティストには、知名度の高いギャラリーなどでの3カ月間の滞在制作
とそのための費用5,000ポンドが提供される。アートのメインストリーム
に位置づけられているギャラリーで滞在制作を行うことによって、アー
ティストとしてのキャリア・アップにつながる。なお、この制度の目的はあ
くまで創作環境の提供のため、アーティストは滞在期間に作品を完成させ
る義務はない。

　10周年の節目となる2018年にはテレンス・バーチTerence Birchが選
ばれ、2月6日から4月29日までパラントハウス・ギャラリーとチチェ
スター大学での滞在制作を行い、特別に1万ポンドの奨学金を授与された。
受賞の際にバーチは、「個性や個人の責任、自立を促す環境のなかで自分
自身を表現できることは本当にうれしい。この奨学金制度は人々の可能性
を信じ、私のような障害のあるアーティストに愛と希望のある未来を描か
せてくれるものだ」と語っている[11]。

　奨学金制度の名称にその名を冠することとなったアダム・レイノルズ
Adam Reynoldsとは、障害のある彫刻家であり活動家でもあった。1959
年にロンドンで生まれ、筋ジストロフィーによって身体が自由に動かせな
かったものの、彼の作品は早くから高い評価を得ていた。2005年8月11
日に亡くなってしまったが、その数日後に国立近現代美術館テートモダン
で彼の作品展が開催される予定だったことからも、アーティストとしての
地位を確立していたことがうかがえよう。レイノルズは生前、「私の最大
の強みは筋ジストロフィーで生まれたという事実、つまり私の最大の弱点
に由来していることは明らかだ」といい、金属の廃棄物を用いた作品を制
作した際には「見落とされたモノの価値と美しさを鑑賞者に再考させるの
は、障害者という私の経験と、障害が人生を価値のないものにするという
ありふれた考えに挑戦する欲求からである」と述べている[12]。

　②は、シェイプがプロデュースとキュレーションを行う展覧会で、障害
のあるアーティストと障害のないアーティストが、あるテーマをもとに議
論してアイデアを出し合ったのち、それぞれが作品を制作する。2017年

のテーマは「パワー：障害の政治 Power：The Politics of Disability」で、2018 年は「集団の影響 Collective Influence」であった。

　③は、障害のあるアーティストや、障害に関連した制作を行うアーティストによる作品を収蔵する事業で、故アダム・レイノルズの彫刻作品を含む 20 作品が収蔵されている。

　④は、イギリスの障害者アート・ムーブメントの歴史を記録したデジタル・アーカイブ事業である。遺産宝くじ基金 Heritage Lottery Fund、アーツ・カウンシル・イングランド Arts Council England、ジョセフ・ローンツリー財団 Joseph Rowntree Foundation から 100 万ポンドの資金提供を受け 2015 年からウェブサイトの構築を開始し、2018 年に公開された。1970 年代後半からはじまった障害者アート・ムーブメントの歴史を約 3,500 枚の画像のみならず、30 人以上の関係者にインタビューした内容なども交えて紹介している。

　⑤は先述したとおり、才能のあるアーティストへ資金を提供するとともに、意欲的な作品を制作するための支援を提供するプロジェクトで、アーツアドミンとのパートナーシップで運営している。

6 芸術家を支えるアーツアドミン

　アーツアドミンは 1979 年に設立された、アーティストをサポートする中間支援組織である。創始者はジュディス・ナイト Judith Knight とセオナイド・スチュワート Seonaid Stewart という 2 人の女性で、「才能あるアーティストたちにいくらかの社会的地位と経済的安定を与えたい」と思ったことが出発点である。イギリス各地の劇場で秘書や制作者として働いていたナイトは、ヨーロッパ各地で高い評価を得ている分野横断的で前衛的な作品を創作する大勢のアーティストたちとの交流があった。しかし、

写真2-6：トインビー・ホールの案内板

そのアーティストたちはイギリスではあまり評価されず経済的にも困窮していた。この状況をなんとかしたいと思ったナイトは、オーバルハウスという劇場で一緒に働いていたスチュワートとともにアーツアドミンを設立したのである。熱意だけではじめたという言葉どおり、事務所はなく、メンバーは4人だけ、潤沢な予算があるわけでもなく、困難な状況が続いた。それでも、作品の着想から具現化にいたるまでのあらゆる業務を請け負っていると、アーツアドミンがプロデュースするアーティストのなかから成功を収める者が現れた。それを知った若手たちから「私たちのサポートもしてほしい」とのアプローチが増え、仕事量は増え続けるばかりだったそうだ。そうした状況が続いたのち、1995年に大きな転機が訪れた。

　ロンドン地区教育局が慈善教育施設として長年利用していたものの、サッチャー政権によって1985年から閉鎖されていた「トインビー・ホール・コンプレックス」の所有者が、施設を再利用する団体を新しく募集することにしたのである。トインビー・ホールは1884年に設立され、長らくセツルメント運動の拠点として活用されていた。19世紀後半のイギリスは産業革命によって資本主義社会となり、大都市ロンドンには仕事を求めて人々が集まってきたものの、多くは貧困者としてきびしい生活を送らざるを得ない状況だった。政府は貧困者対策を講じたが、うまく機能せず大きな社会問題となった。そうした状況のなか、知識人が解決に向けて動き出したのがセツルメント運動である。セツルメント運動は「貧困の原因は

個人の努力不足だけではなく社会構造にある。そのために社会変革が必要だ」という考えにもとづいている。その頃、オックスフォード大学の学生だったアーノルド・トインビー Arnold Toynbee はセツルメント運動の呼びかけに応じ、貧困者の多いイーストエンド地域に 1875 年から住み込んだ。そして、労働者たちとともに勉強会を開いたり、地域の課題について話し合いを重ねるうちに、労働

写真2-7：トインビー・スタジオの入口

写真2-8：併設されたカフェ店内

者の教育と意識向上のための施設をつくる必要性を感じるようになる。大学卒業後すぐにオックスフォード大学の講師となったトインビーは産業革命における光と影についての講義を行うとともに、各地の労働組合の組織化支援や労働者の問題に関する講演活動に尽力した。しかし、もともと身体が丈夫ではなかったために 30 歳の若さで急逝してしまう。

　トインビーの死の翌年（1884 年）に遺志を受け継いだ学生たちがイーストエンド地域に造ったのが世界初のセツルメントハウス「トインビー・ホール」であり、初代館長にはセツルメント運動に参画していたサミュエル・バーネット Samuel Barnett が就任した。教育事業や生活改善事

業、住民組織の支援、行政参加などが継続して行われ、1896年には課外活動として「トインビー・アートクラブ」が創設された。美術館で作品を鑑賞したり、アーティストを招いて絵を描くことを教わるなどの取り組みは、アーティストを育てるためのものではなく、表現することによって生きる喜びを感じるためのものだったという。これはセツルメント運動そのものが、1章9節でもふれた文化経済学の祖とされるジョン・ラスキンの思想を受け継いでおり、金銭や物を多く所有する"リッチ rich"ではなく、精神的な豊かさも含めた"ウェルス wealth"を重視する生き方を具現化する取り組みのひとつだと考えられ、バーネットもラスキンの影響を受けていた証しだといえよう。こうしたトインビー・ホールの歴史を振り返ると、所有者がこの建物の利用者として社会的活動を行っている組織を望んだこともうなずける。

　1995年、アーツアドミンはそれまでの実績を評価されて、トインビー・ホールの敷地内にある1930年代に増設された「トインビー・スタジオ」を運営することになった。経営基盤を固めながら建物の改修にも着手し、現在は客席数280の小劇場と5つのリハーサル室、約20の貸しオフィス、会議室とカフェを併設している。事業は主にプロデュース部門、アドバイス・サービス部門、スタジオ部門の3部門で実施されている。主要事業のひとつに1998年から開始したアーティストのための奨学金制度があり、応募書類すべてを読むだけでなく、不採択の場合もその理由を説明するメールを送るという対応をしている。活動の根底には「芸術家が芸術家として生きていける基盤を与えること」（岩城2015：28）という信念があり、きめ細やかな対応を通じて信頼関係を構築するとともに、孤立しがちなアーティストを精神面でも支えていくことにつながっている。そして、この信念はアンリミテッドにも受け継がれている。

7 ロンドン五輪で何を伝えるのか

　シェイプが 1976 年に活動を開始して以降、刺激を受けるように障害者が主導するアート関連組織の設立が 80 年代から 90 年代にかけて相次いだ。1980 年設立のグレイアイ・シアター・カンパニー Graeae Theatre Company（以下、グレイアイ）、1984 年設立のダダフェスト DaDaFest、1991 年設立のカンドゥーコ・ダンス・カンパニー CandoCo dance company、1995 年設立のストップギャップ・ダンス・カンパニー Stopgap Dance Company などが挙げられ、こうした動きは、国際連合が指定し「完全参加と平等」をテーマに掲げた 1981 年の「国際障害者年」が追い風にもなっている。ここではロンドン五輪の文化プログラムに深く関与したグレイアイについて紹介しよう。

　グレイアイは 1980 年 2 月、はじめて自らをプロフェッショナルと位置づける障害者自身によって誕生した。設立したのは障害者のナビル・シャバン Nabil Shaban と、障害者に対して演劇指導をしていたリチャード・トムリンソン Richard Tomlinson である。中山［2003］によると、シャバンは足の骨がもろく体重を支えられずに車イスでの生活を余儀なくされたが、大学在学中から『マクベス』や『オセロ』に役者として出演するなど、積極的な演劇活動を展開していた。しかし、障害者であるとの理由だけでオーディションすら受けられない、障害者の役ですら障害者が演じられないという障壁に直面した。そんな状況のなかでトムリンソンと出会い、障害者に対する偏見や先入観を払拭することをめざしてグレイアイを設立したのである。

　グレイアイはあえて障害を武器にした作品づくりに挑み、障害をテーマにした新作のみならず古典作品に障害者の視点を取り込み、既成演劇や社会に対して挑戦を続けた。そしてプロ化をめざす過程で、芸術的質の高さを誇れるようになったという。いまでは、イギリス国内の劇場と連携しな

がら年1本程度のツアー公演や海外での上演活動も積極的に展開している。さらに、すべての人がアートにふれられる環境をつくるための教育プログラムや、俳優や脚本家、舞台監督などをめざす障害者の養成プログラムにも力を注いでいる。

　1997年からグレイアイの芸術監督を務めているジェニー・シーレイ[13]は、手話と音声描写を効果的に採り入れた革新的な作品を発表し、国内外で高い評価を得ている。シーレイは7歳のときに聴覚を失ったが、幼い頃にはじめたバレエが好きで踊り続けていた。小学校から大学までダンススクールにも通っていたので、そのまま仕事にしようと考えたがプロのダンサーになるための訓練に耐えられないと気づいて悩んだという。そんな大学生のときに演劇との出合いがあり、1987年にグレイアイのオーディションを受けて合格し、俳優として仕事をするようになった。グレイアイで障害のある人々と学び、協力しあうことはすばらしい経験で、「私の残りの人生を前向きにしてくれた」と語っている。さらに「演劇は政治的な存在だ」という考えをもつようになり、さらなる活躍の場を求めて1997年にグレイアイの芸術監督に応募し、認められて就任した。

　シーレイはグレイアイが発するメッセージに社会的価値があるといい、そのメッセージとは「障害のある人生には意味がある、インクルーシブな環境は豊かな環境である、そして私たちは全員そのことに参加すべきだ」というもので、自身の体験に根ざしたものだと考えられる。また、「グレイアイが障害者を舞台に登場させればさせるほど、観客はそのことに慣れて、誰もがどこかで障害と関係しているということを思い起こすことになる。友人や家族も含め障害は私たちすべての人々の一部であることに気づき、受け入れる必要がある」という考えを具現化すべく、さまざまなチャレンジを試みているのだろう。イギリスでは1995年に障害者差別禁止法Disability Discrimination Actが成立し、その少し後からグレイアイは、アーツ・カウンシルから助成金を受けられるようになった。イギリスにおいて文化芸術は、中流の白人男性や上流階級のためのものという意識が長く続いた歴史があり、障害者が主導する組織に助成金が配分されたのは画

期的ともいえる出来事だった。さらに、国内外で高い評価を得ているグレイアイではあるが、イギリスの国立劇場で公演できたのは2015年、設立から35年が経っていた。これらの大きな変化をもたらした要因のひとつは、シーレイが2012年ロンドン・パラリンピックの開会式で共同演出を担当したことであろう。

　当初、開会式の演出を障害者のいない組織に依頼したことを知ったシーレイは、オリンピック組織委員会の開会式責任者に会いに行き、「開会式は障害者が指揮を執ることがとても重要だ。イギリスの障害者のコミュニティには大勢のすばらしいアーティストがいるので、私たちの実力を尊重してほしい」と直談判したという。するとその後シーレイに連絡があり、開会式の芸術監督を共同で依頼したいと打診され、面接を受けて採用された。もう1人の芸術監督はブラッドリー・ヘミングス Bradley Hemmings、ヨーロッパを代表する野外のアートフェスティバル（グリニッジ＋ドックランズ・インターナショナル・フェスティバル Greenwich+Docklands International Festival：GDIF）の芸術監督を1996年から務めている人物である。シーレイはヘミングスと話し合い、人権に関して政治的な宣言を行うことを決め、本書の冒頭で紹介したように全世界に向けてメッセージを発信した。

　グレイアイのように長年活動してきた組織がロンドン五輪を好機ととらえ、自分たちの理念や社会的価値を広めるため積極的に活用しようと考え行動したことが、大きなインパクトを与えた。五輪大会を一過性のイベントに終わらせないため、多様な人々が連携し協力しあったことも見逃せない。日本はこの点を大いに学ぶべきだと考えられる。

 # イギリスにおける障害者運動と障害者アート・ムーブメント

　ここでは少し視野を広げて、アンリミテッドが実施されるに至った背景、

表2-2：イギリスの障害者アート・ムーブメントの主なあゆみ

時期	出来事
1972 年	身体障害者終身収容施設チェーシャー・ホームの住人ポール・ハントが、介助と生活ニーズの自己決定を行う組織結成を広く呼びかけるため、ガーディアン紙に手紙を送って掲載され、イギリス各地の障害者に影響をおよぼした。
1974 年	「隔離に反対する身体障害者連盟（UPIAS）」がポール・ハントとヴィック・フィンケルシュタインらによって設立された。UPIAS は社会的抑圧の一形態として障害の基本原則を起草し、のちに社会モデルと名づけられた。
1976 年	ダンサーのジーナ・レヴェテによって「シェイプ」が設立され、イギリス各地の学校や刑務所、精神病院などでプロジェクトが実施されて、アーティストと孤立した人々とのつながりを形成した。
1980 年	ナビル・シャバンとリチャード・トムリンソンによって「グレイアイ・シアター・カンパニー」が設立された。グレイアイの鍵となる哲学は、障害者によって劇団を管理運営することであった。これは、障害者が俳優としての訓練を受けたり、専門職に就く機会がなかったことへの対応だった。
1981 年	障害者組織の「ブリティッシュ・カウンシル（BCODP）」が設立された。
1981 年	国際連合が指定した「国際障害者年」。歌手で活動家のイアン・ドゥルーリーは自作の歌をリリースし、国連は障害者を利用していると批判した。
1986 年 9 月	「ロンドン障害芸術フォーラム（LDAF）」が設立された。ヴィック・フィンケルシュタインらが策定した原則は、障害者の権利には文化的な「翼」があり、芸術は権利の闘争に参加するべきだというものであった。
1986 年 11 月	雑誌『*Disability Arts in London*（*DAIL*）』が創刊された。
1990 年 2 月	グレイアイのライター養成プロジェクトが開始された。
1990 年 7 月	障害者を慈善事業の対象として位置づけたテレビ番組に対する抗議デモが行われた。
1990 年 8 月	マイケル・オリバーが著書『*The Politics of Disablement*（無力化の政治）』を刊行。
1991 年 4 月	雑誌『*Disability Arts Magazine*』が創刊された。
1992 年	障害者を慈善事業の対象として位置づけたテレビ番組に対する 2 回目の抗議デモが行われ、約 2,000 人が参加した。
1994 年	イアン・マックレー（先天性視覚障害者）がコミュニティ＆障害プログラムの BBC エディターになり、番組制作を開始した。
1997 年 9 月	障害のあるアーティストによるパフォーマンスに焦点をあてた初のフェスティバルがマンチェスターで開催された。

2001 年	ダダフェストが、初のノース・ウェスト・障害者アート・フォーラムを開催した。
2005 年 8 月	アダム・レイノルズがテートモダンでの展覧会の数日前に死去。シェイプは 2008 年からアダム・レイノルズ記念奨学金を創設した。
2006 年	ロンドンの障害者の権利の祭典である「リバティ・フェスティバル」にて、ロンドン障害芸術フォーラム（LDAF）の 20 周年を祝った。
2012 年 9 月	サウスバンク・センターで最初のアンリミテッド・フェスティバルが開催された。
2015 年	「遺産宝くじ基金」「とアーツ・カウンシル・イングランド、ジョセフ・ローンツリー財団」から 100 万ポンドの資金提供を受け、障害者アート・ムーブメントの歴史を保存するためのウェブサイト（NDACA）構築を開始した。
2016 年	シェイプとアーツアドミンは、障害のあるアーティストの作品を海外で発表するプログラム（アンリミテッド・インターナショナル：日本、オーストラリア、ブラジルへのツアー）の制作資金を提供された。
2017 年	アンリミテッドの一環で制作されたリズ・カーの作品（自殺ほう助の合法化に反対するミュージカル）がオーストラリアで上演された。

（出所：https://the-ndaca.org/the-story/ をもとに筆者作成）

すなわちイギリスの障害者運動および障害者アート・ムーブメントの歴史についてふれてみたい。

　障害の"社会モデル"を最初に提起したヴィック・フィンケルシュタイン Vic Finkelstein は、学者であり活動家であった[14]。1938 年に南アフリカのヨハネスブルグで生まれ、ダーバンで育った。16 歳のときに首の骨を折ってしまい、リハビリのためにイギリスのストーク・マンデヴィル病院で 1 年間を過ごした。その後、車イスを使う生活を送りつつ南アフリカへ戻って大学に進学し、反アパルトヘイト運動に関与するようになった。解放闘争を支援したということで 3 カ月間投獄されたのち、政治難民として 1968 年にイギリスへ渡った。

　イギリスでは 1960 年代の終わり頃から、ハンプシャーにあった身体障害者終身収容施設のチェーシャー・ホームにおいて、入所者たちが自らの生活スタイルの自己決定と自己管理のために、施設運営に参加する民主的権利を求めて活動していた。その入所者の 1 人がポール・ハント Paul Hunt であり、ハントは 1972 年に介助と生活ニーズの自己決定を行う組織

の結成をイギリス国内の施設入所者に呼びかけるため、イギリスの新聞社ガーディアンに手紙を送った。その手紙が新聞に掲載されると多くの障害者から反響があり、そのうちの1人がフィンケルシュタインであった。ハントとフィンケルシュタインは友好を深め、反アパルトヘイト運動の理念を障害者の権利運動にも適用できると考えるようになったという。

　2人が中心となって1974年に「隔離に反対する身体障害者連盟 Union of the Physically Impaired Against Segregation (UPIAS)」を設立し、障害の基本原則を起草した。「身体障害者を無力にするのは社会である。障害者は社会への完全な参加から不必要に隔離され、排除されている。したがって障害者は社会から抑圧された集団である」と記された障害に関する新たな認識モデルは、のちに"社会モデル"と名づけられ、イギリス障害者運動の中核に位置づけられていくこととなる。

　ちなみに、それまで障害は"医学モデル medical model"と呼ばれる捉え方をされていた。医学モデルにおける障害とは、病気やケガなどから生じるもので、治療やリハビリなどの医療サービスが必要であるとされる。障害を個人の問題と捉えているために"個人モデル individual model"とも呼ばれていたが、障害者たちからきびしく批判されてきた。たとえばバーンズら[1999]は医学モデルの問題について以下の4点を挙げている。①「障害者はすべて健常者のように"正常"になるよう努めるべきである」という考えが背景にある、②活動や社会参加の面における制約は「不可避あるいは受け入れざるをえないもの」と捉え、社会環境の問題を考慮していない、③障害者は医療専門家や支援者に依存しながら障害に適応したり順応したりすることを推奨している、④障害への順応の過程で障害者は、非現実的な望みや野心を抑制し、伝統的な障害者としての役割やアイデンティティを身につけるように社会化されるものと想定している。このような捉え方を転換すべく、障害者たちは運動を続けてきたのである。

　フィンケルシュタインは、障害者アート・ムーブメントにも大きな足跡を残している。UPIASの設立後にシェイプやグレイアイなどが設立されたこともあって、1986年9月に障害者の文化的アイデンティティの共有

を促進するために「ロンドン障害芸術フォーラム London Disability Arts Forum(LDAF)」の設立を支援した。LDAF が策定した原則には「障害者の権利には文化的な"翼"があり、アートは権利の闘争に参加するべきだ」と謳われている。同年11月には『ロンドンの障害者アート *Disability Arts in London（DAIL）*』という雑誌が創刊され、1987年6月の8号にフィンケルシュタインが寄稿している。そこで彼は「障害者が文化的表現を行うことは、自らのアイデンティティを発展させるとともに、大きな自信を与えてくれる」「障害者の政治運動とアートに関わる運動との間に創造的な相互作用がある」「私たち自身の文化の発展は、多文化社会において私たち自身の選択肢を得ることに役立つ。違いを祝福することは、人類の祝福であり、社会の一員であることを発見するだろう」[15]と述べている。さらに5年後の *DAIL* には次のような文章が掲載されている。

―― アート活動はオレンジバッジ（障害者用の駐車禁止免除証）を勝ち取るために会議に出るのと同じぐらい改革の手段として重要だと考えられるべきである。（中略）障害者の文化の成熟を促進することは、私たち自身が受動的で依存的な存在から、社会変革を担う能動的で創造的な主体へと自己変革を遂げるというラディカルな営みをはじめることにほかならない。(Finkelstein and Morrison 1992：20, 22)

　フィンケルシュタインたちが述べるように、表現活動は障害者の肯定的アイデンティティを構築するために有効であるとともに、多文化社会における障害者の位置づけを再考する機会を人々に与える社会変革の手段となりえるものなのである。

9 公的支援が行われるようになった背景

　これまで述べてきたように、イギリスでは当初から障害者の権利運動と表現活動は密接に結びついていたものの、1995 年に障害者差別禁止法が制定されるまで、文化施設や文化関係団体が障害者を受け入れるべきだとする法的根拠はなかった。ここでは、その歴史的経緯についてみていこう。

　菅野［2019］によると、第二次世界大戦後の労働力不足に対処するため、1948 年に国籍法 British Nationality Act が制定され、居住と労働の権利が認められたために 100 万人を超える人々がイギリスへ入ってきた。移民の急増による混乱によって、1962 年に英連邦移民法 Commonwealth Immigrants Act を制定して移民の入国制限を行い、1965 年には人種関係法 Race Relations Act を制定して人種や出自にもとづく人種差別を禁止するなど、政府は社会問題の鎮静化に努めた。それは見方を変えると、アフリカ系・カリブ系・アジア系に出自をもつ人々、すなわち「エスニック・マイノリティ」と呼ばれる人々への規制が強化されていったことを意味する。また、移民としてイギリスへやってきた人々のなかにはアーティストも含まれ、彼らはイギリスのアート界から認知されることはほとんどなかったという。

　イギリスで障害者運動が活性化した 1970 年代は、アメリカのブラック・アート運動や公民権運動、女性解放運動などの影響を受け、イギリスでも同じような運動が起こりはじめた時期である。そうした状況のなか、1976 年にナシーム・カーン Naseem Khan による報告書「イギリスが無視するアート——イギリスにおけるエスニック・マイノリティのアート *The Arts Britain Ignores：The Arts of Ethnic Minorities in Britain*」が発表され、エスニック・マイノリティのアーティストたちによる活動はイギリスの文化をより豊かにするものであり、制度的支援を行うべきだという指摘がなされた。

表2-3：イギリスの多様性に関する主な取り組み

時期	出来事
1944 年 10月	障害者（雇用）法 Disabled Persons (Employment) Act 制定
1976 年	ナシーム・カーンが報告書「イギリスが無視するアート ——イギリスにおけるエスニック・マイノリティのアート *The Arts Britain Ignores: The Arts of Ethnic Minorities in Britain*」を発表
1985 年	アーツ・カウンシル・グレート・ブリテン（ACGB）内に「エスニック・マイノリティ・アート課 Ethnic Minority Arts Unit」を設置
1986 年	ACGB が「アートとエスニック・マイノリティ行動計画 *The Arts and Ethnic Minorities Action Plan*」を策定
1989 年	86 年の行動計画に対する評価報告書「文化的多様性に向けて *Towards cultural Diversity*」を発表
1993 年	ACGB が文書「創造的未来 ——イギリスのアート・工芸・メディアのこれから *A Creative Future: The Way Forward for the Arts, Crafts and Media in England*」を発表
1995 年	障害者差別禁止法 Disability Discrimination Act 制定
1996 年	アーツ・カウンシル・イングランド（ACE）内に「文化的多様性課 Cultural Diversity Unit」を設置
1997 年	ブレア政権が内閣府に「社会的排除対策室 Social Exclusion Unit」を設置
1998 年	ACE が「文化多様性行動計画 *The Cultural Diversity Action Plan*」を発表
2002 年	ACE が「さらなる多様性に向けて *Towards a Greater Diversity*」を発表
2003 年	ACE の 10 年戦略（2010-2020）「あらゆる人にすばらしい芸術を *Great Art for Everyone*」を発表
2009 年 6月	障害者権利条約の批准
2010 年 6月	ACE が「障害の平等に向けた計画 *Disability Equality Scheme 2010-13*」を発表
2010 年 10月	平等法 Equality Act 制定

（出所：菅野［2019］・萩原［2017］などをもとに筆者作成）

1939 年にバーミンガムで生まれたカーンは、父親がインドからの移民で母親がドイツからの移民だった。1960 年代のほとんどの時期をインドとパキスタンで過ごした際、スパイ容疑で逮捕されたこともあったそうだが、海外での経験は彼女に多様性が有する力を実感させたという[16]。その後、ロンドンに戻ったカーンは、文化活動家およびジャーナリストとして活躍し、先の報告書を発表することになったのである。

　この報告書はアーツ・カウンシル・グレート・ブリテン Arts Council of Great Britain (ACGB)[17]からの委託により発行されたもので、発行後まもなく、カーンが中心となってマイノリティ・アート支援事業 Minorites Arts Advisory Service (MAAS) が設立され、支援制度の整備につながっていく。たとえば 1985 年には ACGB 内に「エスニック・マイノリティ・アート課 Ethnic Minority Arts Unit」が設置され、1986 年には ACGB によって「アートとエスニック・マイノリティ行動計画 *The Arts and Ethnic Minorities Action Plan*」が策定され、はじめてイギリス全体の文化政策のなかに移民系アーティストへの支援が具体的に明記された。

　しかしながら、行動計画は A4 判 2 ページの短いもので、ACGB が運営資金を配分している美術館などに行動計画と並行する計画の立案と実行を依頼するものだったという。つまり行動計画の成否の大半は、ACGB の相手先の各部局のやる気に左右されており、「行動計画としては頼りなく幼稚なものと言えよう」(萩原 2017：16) という指摘もある。

　行動計画の終了年度の翌年、1989 年にはモニタリング委員会による行動計画の評価報告書「文化的多様性に向けて *Towards Cultural Diversity*」が発表された。行動計画が唯一具体的な数値目標を挙げていた、最低 4% の予算をエスニック・マイノリティのアートに充当するとした助成比率は、計画終了時に 1.8% の達成にとどまっていたという。さらに評価報告書は、「ナシーム・カーンの著作には重大な誤りがいくつもあった」という指摘を行っている。

―― もっとも有害であった誤りは、"エスニック・マイノリティ・アート" と

いう用語をもっともらしいものとして使ったことだ。また、そういうアートはエスニック・コミュニティに根ざしているという前提、したがってイギリス文化にとっては付録のような位置にあるという前提も誤りであった。[18]

この指摘は、ACGB が "エスニック・マイノリティ・アート" を支援するという目標を掲げること自体への異議申し立てであり、代わりにモニタリング委員会が提案したのが "文化的多様性 Cultural Diversity" である。萩原［2017］によれば、モニタリング報告書に先行して委員長を務めたギャビン・ジャンチェス Gavin Jantjes が 1987 年 11 月に ACGB へ提出した意見書がある。ジャンチェスは南アフリカ生まれのアーティストで、ブラック・アーティストたちが社会的認知と制作環境の向上を求めて闘ってきた歴史にふれながら、次のように述べている。

――― ACGB が前進しつづけるうえで克服すべき障害は何か？　結局、"エスニック・マイノリティ・アート" の哲学の問題だという点に、私たちはいつも立ち戻ることになる。この哲学は、"ブラック・アート" や "エスニック・マイノリティ・アート" を主流のアートとは別種の異なるものとみる。つまり、それは周縁的活動でしかなく、イギリス文化 the national culture を構成する業績や思想、活動の本体には不適合で所属していないとみるのだ。
　"エスニック" と "マイノリティ" という語そのものが、そういう見解を強化している。"エスニック" の語は "分離された／別の" という意味、"マイノリティ" の語は "二番手で周縁的で、重要でない" という意味である。[19]

ジャンチェスの指摘は、真の文化的多様性へ向かうために、少数者と多数者の間に文化的優劣を認めず、それぞれに並び立つものとして尊重しあうことを求めており、ジャンチェスの意見書ならびにモニタリング報告書を受けて、文化的多様性が ACGB すなわちイギリスの文化政策の中核に据えられることとなった。

ACGB は 1980 年代半ばから 1990 年代にかけて、組織や財政、助成方針、

政府との関係などの面で変化を余儀なくされた。「アートの普及」と「卓越の追求」、換言すれば「人々がアートにふれる機会の増加」と「質の高い作品への支援」という両立の困難な2つの目的を掲げたACGBは、社会的・政治的・経済的状況に左右されやすい。そうした諸事情がからんでいるものの、先に紹介したモニタリング報告書の影響もあって公平性・公共性に配慮した政策転換への変革が求められた時期であると、萩原［2017］は述べている。

　1993年にACGBが迫られた変革の意味をよく表す文書「創造的未来――イギリスのアート・工芸・メディアのこれから *A Creative Future：The Way Forward for the Arts, Crafts and Media in England*」が刊行された。このなかには方針も示されており、方針に含まれる10の原則では、アートを「個人の暮らしとコミュニティの福祉にとって不可欠なもの」としている。さらに「第7章　文化的多様性」では、かつて"エスニック・マイノリティ"と呼ばれた人々、さらに女性と障害者という3つのコミュニティに関するアートがその適用範囲であると明記された。障害者運動の活性化とともに障害者アート・ムーブメントも継続して行われていたが、公的文書で支援が明記されたのは約20年後ということになる。そして1995年に障害者差別禁止法が制定され、ようやく法的根拠も確立された。

　その後、2006年12月の第61回国連総会において、21世紀になってはじめて国際人権法にもとづく人権条約となる障害者権利条約が採択された。イギリスは2009年6月に同条約を批准し、2010年10月に平等法 Equality Act を制定した。この法律は、年齢 (Age)、障害 (Disability)、性別 (Gender, Sex)、性適合 (Gender Reassignment)、婚姻および同性婚 (Marriage and Civil Partnership)、妊娠および出産・育児 (Pregnancy and Maternity)、人種 (Race)、宗教または信条 (Religion or Belief)、性的指向 (Sexual Orientation) の9つにわたる保護特性が明示され、文化政策においてもこの保護特性をもつ団体・個人が対象として考えられている。

　平等と多様性は表裏一体の概念として捉えられており、平等とはどの人も同じように処遇するということではなく、何人も保護特性があるからと

いう理由で、文化芸術を享受するうえでの障壁がないよう保障することである。一方の多様性とは、お互いの違いを認め、尊重し、価値を認め合うとともに、包摂的な文化を推進することによって、個人の最大の能力を引き出すことと定義されている[20]。

　ここまでみてきたとおり、アンリミテッドはロンドン五輪を契機に構想されたものであったとはいえ、プロジェクトを貫く理念は1970年代から活性化した障害者運動にもとづくものであり、実行に際しても多様な機関の協力があったことが大きな成果を挙げたことにつながっている。いまのところ2020年に終了する予定ではあるが、障害のあるアーティストが活動していくうえでの、社会のさまざまな障壁が取り除かれて多様性が尊重されるようになるまでチャレンジは継続するであろう。こうした「障害者が承認される機会の増加」および「芸術分野での就労機会の拡大」というレガシーこそを、日本は継承すべきではないだろうか。

注
1) 国際オリンピック委員会『オリンピック憲章』（2017年9月15日から有効）日本オリンピック委員会訳 p.10 より。
https://www.joc.or.jp/olympism/charter/pdf/olympiccharter2017.pdf
2) アーツ・カウンシルとは芸術文化に対する助成を基軸に、文化政策の執行を担う専門機関であり、世界で最初のアーツ・カウンシル Arts Council of Great Britain （ACGB）が1946年にイギリスで設立された。初代会長は経済学者のジョン・メイナード・ケインズ John Maynard Keynes であった。なお、イギリスのアーツ・カウンシルは現在、ここに記した4つの組織に分割されている。
3) 1934年に設立されたイギリスの公的な国際文化交流機関であり、世界100カ国以上との文化交流活動を推進している。
4) この部分の記述は、2012年12月の講演（TED［Technology Entertainment Design］×Women）と、TEDブログにもとづいている。
https://www.ted.com/talks/sue_austin_deep_sea_diving_in_a_wheelchair
https://blog.ted.com/see-much-more-of-sue-austins-incredible-wheelchair-art/
5) 残念ながら大川誠は急逝したため、母の典子が遺影を抱いて渡英した。
6) 2015年10月2日、トインビー・スタジオで行ったインタビュー調査より。
7) 2015年10月1日、ブリティッシュ・カウンシルで行ったインタビュー調査より。
8) 2015年7月12日配信の産経ニュースより。
http://www.sankei.com/entertainments/news/150712/ent1507120014-n1.html

9) 下記のサイトより抜粋・編集。
　　https://www.shapearts.org.uk/blog/reflections-on-the-disability-arts-movement
10) 1978 年にレヴェテがシェイプの活動について語った言葉より。
　　https://www.shapearts.org.uk/blog/gina-levete-2016
11) この部分の記述は下記サイトより。
　　https://www.shapearts.org.uk/Blog/armb-2018-recipient-announced
12) NDACA のアダム・レイノルズに関する記事より。
　　https://the-ndaca.org/the-people/adam-reynolds/
13) ジェニー・シーレイに関する記述は、国際交流基金の「プレゼンター・インタビュー」（2017
　　年 1 月 18 日）にもとづいている。
　　https://performingarts.jp/J/pre_interview/1701/1.html
14) この部分の記述は下記 2 つのサイトおよび田中耕一郎［2005］にもとづく。
　　https://www.independent.co.uk/news/obituaries/vic-finkelstein-academic-anddisability-
　　activist-6277679.html
　　https://the-ndaca.org/the-people/vic-finkelstein/
15) DAIL8 号の 4 頁より抜粋・編集。
16) この部分の記述はカーンが死亡した際のガーディアン紙の追悼記事（2017 年 6 月 30 日）にも
　　とづく。ちなみにガーディアン紙には「少数民族の芸術を主流に持ち込んだ文化の先駆者」と
　　いう見出しがつけられた。
　　https://www.theguardian.com/culture/2017/jun/30/naseem-khan-obituary
17) 1946 年に設立された ACGB は、現在 4 つに分割されている。詳しくは太下［2017］を参照のこと。
18) Monitoring Committee, *Towards Cultural Diversity*, p.3 より抜粋・編集・翻訳。
19) Gavin Jantjes, *Ethnic Minority Arts Development*：*A Paper*, November 1987, ACGB/32/22,
　　box 3 of 3 より抜粋・編集。
20) Arts Council England, *Guide to producing Equality Action Objectives and Plans for NPOs*：
　　Introductory Section, 2017, p.4 より。

第 3 章

福祉well-beingに必要な表現活動

本章ではまず、社会政策の目標が推移していった背景と"承認"が求められるようになった経緯について述べる。そして、現代社会の捉え方を検討し、労働観の変遷と"障害"という概念が生まれてきた経緯についてふれたのち、神戸を拠点に活動する片山工房の実践を手がかりにして、福祉well-beingの具現化に表現活動がどのように位置づけられるのかを検討していこう。

1　社会政策が変遷していった背景

　1章でふれた社会的排除という用語は、1960年代半ばにフランスで使われはじめ、1974年に刊行されたルネ・ルノワールRené Lenoirの著書『排除された人々——フランス人の10人に1人 Les Exclus: un Français sur dix』によって注目されるようになった。ルノワールが排除された人々として取り上げたのは、移民や精神障害者、施設入所児童、アルコール・薬物依存症者、イスラム教徒などの文化的マイノリティ、教育課程からはずれ暴力や犯罪に染まる若者などであり、社会の周縁に位置し"社会的不適応"の状態にある人々で、フランス国民の10%に上ると指摘した。当時の"排除"は「経済成長と福祉国家の恩恵が届かない人びと」（福原 2007：12）の問題として語られていたのである。
　1990年代以降、一人親や単身世帯の増加などの家族形態の変化、失業や非正規雇用の増大による雇用形態の変化を背景として、不安定な状態が社会一般に広がっていると認識されるようになった。1章2節でふれたとおり、フランスでは"排除"を所得の問題だけでなく雇用や住宅、健康問題、人的関係の弱まりなど生活基盤の不安定な状態として考え、さらに他人事ではなく自分にも起こりえる事態として捉えられるようになっていった。こうした問題意識はヨーロッパ全体に広がり、ジャック・ドロール委

員長のもと、1990年に「社会的排除と闘う政策に関する欧州動向調査機関 European Observatory on Policies to Combat Social Exclusion」が設置され、1992年に「連帯の欧州をめざして」という文書が発表された。

1997年のアムステルダム条約では社会的排除との闘いがEUの主要目標のひとつに掲げられ、その意味するものは広範におよぶようになった。つまり、今日的な意味での社会的排除とは、所得格差や雇用機会の不足、教育機会の不足、健康の不平等、市民権の壁など多次元的な要素を含み、かつそこに至る過程を重視する動態的な事象なのである。よって社会的排除を克服するには、就労を促すアプローチだけでは十分とはいえず、人々の精神面でのケアも含めた"承認"が不可欠だと考えられるようになった。その理由について、戦後の"再分配パラダイム"から"社会的投資パラダイム"へと移行し、今後は"承認パラダイム"にもとづく社会政策へと広がっていく必要性を、田中拓道［2016］は次のように述べている。

現代社会政策の出発点といえるのは、イギリスで1942年に発表されたウィリアム・ベヴァリッジ William H. Beveridge の報告書「社会保険と関連サービス *Social Insurance and Allied Services*」で示された社会保障計画であり、税と保険料の徴収を通じた再分配によって、市民に最低限の生活水準（ナショナル・ミニマム）を保障することが主目的であった。田中はこれを"再分配パラダイム"と呼び、戦後の先進国はこうした社会政策を、ケインズ理論にもとづく完全雇用政策との組み合わせによって遂行し、多くの国に経済成長がもたらされたという。

ところが1980年代を迎える頃になると、社会政策と経済成長の衝突が語られはじめ、非効率な官僚機構の肥大化や国家による再分配が市場メカニズムを歪め、経済の停滞を招いていると指摘する論者が現れた。イギリスのサッチャー政権やアメリカのレーガン政権の登場によって、社会政策そのものを否定する新自由主義が隆盛となり、社会政策は再編されていく。あわせて80年代以降に進展したグローバル化と産業構造の転換によって、新しい社会的リスクへの対応が急務となった。新しい社会的リスクとは、ポスト工業化によって金融・情報・対人サービス業などの新たな産業に適

応できない人々や非正規雇用者の増加、家族形態の多様化に伴う男性稼ぎ主モデルにあてはまらない単身世帯、一人親世帯などの増加を指す。そこで登場したのが"社会的投資"という考え方であり、リスクにさらされやすい人々に対して教育や訓練を行い、新しい産業構造や社会状況に自ら適応できるよう支援する政策を指す。すなわち一人ひとりの就労可能性を高めることが"社会的投資パラダイム"なのである。

しかしながら、貧困・失業・不安定就労に陥りやすい人々の就労可能性を向上させ、経済成長と両立する形で雇用・所得保障・教育政策の転換をめざした社会的投資は結局、ほとんど進展がみられなかった。社会的投資とは本来、労働市場の改革と手厚い生活保障とを組み合わせて機能する政策であり、きびしい財政状況に追い込まれていた EU 各国が多額の支出をともなう政策を遂行することができなかったため、排除されていた人々を包摂することには当初から限界を抱えていたのである。しかも今日、家族形態や就労のあり方が多様化しており、人々が共通のニーズやリスクを抱えているわけではない。一人ひとりが自らの手で人生の目標を設定し、自律的・能動的に社会へと参画するための条件を整備することは喫緊の課題となっており、"承認パラダイム"が必要だと田中は指摘する。

3 つのパラダイムは排他的なものではなく、図 3-1 に示されているとおり互いに重複しつつ、より外延へと広がる関係にある。また、それぞれの問題点と規範は表 3-1 に示されているとおりである。

1 章でふれた"生活保障"を提起する宮本は、"アクティベーション（活性化）"についても言及している。1990 年代半ば以降、欧米先進諸国を中心に福祉改革の方針として「福祉から就労へ」という考えが掲げられてきた。1980 年代までの所得保障を中心とした方針からの転換であり、2 章で紹介したイギリスのブレア政権もこの考えを支持した。アクティベーション政策は、社会的給付の受給者を対象に、就労を通じて社会に参画させることを最終的な目標にしている点で共通しているものの、その具体的な方策は各国で異なっている。失業手当などの給付条件として就労を半ば義務

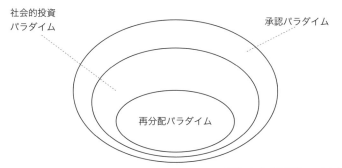

出所：田中［2016］p.7より転載

図3-1：3つのパラダイムの関係

表3-1：社会政策の3つのパラダイム

	問題	規範	方法
再分配パラダイム	貧困	平等	財とサービスの再分配
社会的投資パラダイム	排除	就労可能性	福祉と就労の結合
承認パラダイム	尊厳の剥奪、恥辱	相互承認	「承認をめぐる闘争」の支援

（出所：田中［2016］p.7を一部改変して転載）

づけるような、かなり強制的な手段をとる場合は"ワークフェア（雇用志向政策）"と呼ばれ、批判されることもある。自立心や労働の義務を強調して人々を労働市場へと導き、社会保障費の削減を図ろうとする思惑が透けて見えるからであろう。そこで宮本［2009］は、雇用と社会保障を結びつける真の生活保障のためには、社会への参加困難を生み出す要因を取り除く仕組みを制度化し、人々が就労を通じて承認され精神的充足を得られるような居場所へとつないでいくことが必要だといい、具体例としてイタリアの社会的協同組合を示している。

　日本を含む多くの先進諸国では、社会政策における就労可能性を高めることに力点が置かれており、ワークフェアにならないように承認と就労と

をどう結びつけていくべきかの検討が必要だろう。そこで次節以降、現代社会をどう捉えるべきかという考察を行ったのちに、労働観の変遷をたどってみたい。

2 ケインズの構想した社会

　グローバル化の進展と産業構造の変化にともなって社会政策も変化を余儀なくされたが、そもそも福祉国家が構想された当時はどのような考えがあったのかをみてみよう。

　1970年代までマクロ経済学の主流をなしたジョン・メイナード・ケインズ John Maynard Keynes の理論は、政府による経済への積極的介入を支持し、租税による所得平等化政策と完全雇用政策は、第二次世界大戦後の西側諸国が福祉国家を建設する際の理論的な支えとなった。

　スキデルスキー［2014］によれば、ケインズは1928年にケンブリッジ大学の学部生を前に「孫の世代の経済的可能性 Economic Possibilities for our Grandchildren」というテーマで講演を行った。学生たちが資本主義にすっかり幻滅し、ソ連を希望の光と見はじめていることを承知していたからである。そこで学生の心を引き戻すには、資本主義もまたユートピアを実現する思想であり、万人がよい暮らしを送れるほどの富を実現する唯一の手段であることを説得しようとしたのだ。その後、1930年に講演録に手を入れて小論を発表したとき、大恐慌が襲ってきたために共産主義が一段と魅力を増したが、ケインズはひるまなかった。この状況に応じて修正を加え、「われわれが苦しんでいるのは老いから来るリウマチではなく、急速な変化に伴う成長痛である。経済が一つの段階から別の段階へと移行するときの調整は痛みがつきものだ」（スキデルスキー2014：29）といった。その根拠としてケインズは、資本蓄積と技術進歩に関する過去のデー

タに着目し、いまから100年後には生活水準が現在の4～8倍に達すると見積もり、大規模な戦争や人口の大幅増がないかぎり、経済的な問題は今後100年以内に解決されるか、少なくとも解決が視野に入ってくると予測したのである。そして、人々の労働時間は週15時間程度になり、差し迫った金銭的必要性にわずらわされない自由をどう使うか、科学の進歩が勝ち取ってくれた余暇をどのように活用して賢く快適に暮らすかを考えねばならない状況が2030年までには実現すると予想した。ケインズが思い描いたのは、心から人生を楽しもうとする姿勢であり、その当時ではアーティストや自由人に限られていた人生を楽しむ姿勢が、社会全体にいきわたることだったという。

しかし、残念ながらケインズの予測ははずれてしまった。その理由をスキデルスキーは、資本主義のもとで自由に行われるようになった利益追求は豊かになれば自ずと終息し、人々は文明的な生活の実りを享受するようになる、自然な欲望には決まった量があるため人々は「もう十分だ」というだろうとケインズは考えたからだと指摘する。さらに"欲望 wants"と"必要 needs"を区別できないことによって、豊かになるほど過剰に働く社会を生み出してしまったことにも警鐘を鳴らす。そして、現代の先進国に必要なことは欲望と必要とを分かち、"余暇 leisure"を取り戻すことだともいう。スキデルスキーのいう余暇とは、怠惰とは対極の概念で、外から強制される目的をもたない活動である。夢中になって大理石を彫る彫刻家や、楽譜と格闘する音楽家、空間と時間の謎に挑む科学者など、やり遂げたいという一心で取り組む活動、苦役ではなく自由意志による活動に従事することが本来の豊かさではないかという問題提起である。

3 ┃ 創造的な定常期への移行を

　ケインズがユートピアとして思い描いた2030年を間近に控えたいまを、別の視点で捉えて文化的創造の時代へと向かっていってはどうかというのが、広井良典である。広井［2011］は、現代社会は生産への寄与や拡大・成長といったこととは異なる次元での"（存在そのものの）価値"が求められており、成長に依存しない"定常型社会"ともいうべき社会、脱成長型の社会モデルが必要だと述べている。

　その根拠となっているのは、「雇用の総量が増加を続ける」という前提がもはや成り立たなくなった構造的な生産過剰により、いわば"イス取りゲーム"のような状況が生じており、そのしわ寄せは若年層などに集中しているという状況分析である。現代社会のなかで若年層には失業と過労が併存している。なぜこうなったかといえば、資本主義が過度に生産性を追求してきたために、少数の労働者で多くのモノがつくれるようになったからである。それゆえ失業者が増加し、その一方で職のある者はそれを奪われないようにとがんばって働いている。こうした状況の解決に向けて、経済成長を絶対的な目標とせず、いまを創造的な定常期への移行期として捉えてはどうかと広井は呼びかける。すなわち、経済成長や生産の量的拡大といったひとつの大きなベクトルや"義務としての経済成長"から解放された状況においてこそ、人々の創造性は多様な形で開花していくのであり、人間一人ひとりが潜在的にもっている可能性や創造性が実現されていくことが福祉であるというのである。

　言い換えれば、経済成長あるいは物質的生産の拡大の時代においては、"市場化・産業化・金融化"という大きなベクトルが支配的となり、そうした生産拡大に寄与する行為や人材が価値あるものとされ、創造性もそうした枠組みのなかで定義されてきた。しかし、これまでの人類史を振り返ってみれば、約20万年前に遡る人類の誕生から現在までを"拡大・成

長"と"定常化"という視点でみれば３つの大きなサイクルが見いだせる。人口が増加したのは拡大・成長期であるが、じつは人類が内的な飛躍を遂げたのは定常期だったと広井は指摘する。定常期は停滞期に見えるものの、実際はその時期にこそ大きな変化が訪れた。そのひとつがおよそ５万年前、人類学や考古学の分野で「心のビッグバン（意識のビッグバン）」あるいは「文化のビッグバン」と呼ばれる現象である。そこで人類ははじめて加工された装飾品、絵画や彫刻などの芸術作品のようなものを生み出した。もうひとつの機会は紀元前５世紀前後の時代に、普遍的な原理を志向する思想が各地で同時多発的に生成した。ギリシャ哲学、インドでの仏教、中国での儒教や老荘思想、中東での旧約思想であり、それぞれ独自に人間の普遍性をめざす思想が誕生したのである。このふたつの精神文化の展開はどちらも経済的な成長期から定常期に移ったところで実現している。もしもいま、人類が義務としての経済成長から解放されて、物質的な豊かさとは別の方面に創造性を発揮するならば、もう一段階の進級を遂げられるかもしれない。広井のいう創造性とは、国際競争力や技術革新などの成長を目的としたものではなく、むしろそれはクロード・レヴィ＝ストロース Claude Lévi-Strauss が指摘した「ブリコラージュ（日常のなかでの創意工夫）」や、ヨハン・ホイジンガ Johan Huizinga が「文化は遊びにはじまる」と論じた際の"遊び"などに関連するものである。そういう意味で定常期とは、むしろ文化的創造の時代だと考えられ、いまからその定常期に向かっていってはどうかと呼びかける。

4 労働観の変遷

現代はイス取りゲームのような労働環境になってしまったと広井はいうが、働くことは昔からそうだったのだろうか。そうでないなら、何がいま

のような状況を生み出したのだろうか。

今村［1998］は、歴史的にみると近代の労働経験は特殊な意味をもっており、「文明の歴史のなかでひとつの断絶線が走ったとすらいえるほどに、近代の労働文明と近代以前の文明の間には深い溝がある。社会生活のあらゆる領域に浸透する価値の基準が、古いものから新しいものへと移動した」（今村 1998：2）と述べている。

のちほど取り上げる障害学の領域においても、近代の労働がもたらした“障害”という概念とも深い関わりをもつため、今村のいう労働観の変遷をここでたどってみよう。

古代ギリシアにおいては、手仕事はメカニックな労働と呼ばれており、軽蔑的な意味がつきまとい、汚らしいだけではなく恥ずかしい職業であった。当時は奴隷制度があり、奴隷は自由をもたず、主人の支配下で肉体労働に従事していた。哲学者のアリストテレスもプラトンも、職人を含む手仕事に携わる人々は国家のメンバーにしてはならないと述べている。現代からみれば労働に対する偏見に違いないが、当時の思想的基準の存在によるものだと考えられている。すなわち、日々の生活と密接に関わる労働（水の確保や食材の調達など）に追われている状況では、人間は自律的にものを考えることができず、政治的共同体や公共の事物、さらには人間存在の意味を問うという哲学的な仕事を行うことはできない。哲学的思索を行うためには、自由な時間をもたなくてはならない。自由な時間とはメカニックな労働を行う多忙な日々から解放されることによって生まれるのであり、メカニックな労働によってつくられたモノを「使用する」ことこそが、格の高い価値ある行動だと考えられていた。

やがて封建社会が崩壊し、職業選択や居住移転などの自由が認められるようになった資本主義の発生期には、労働は都市の治安と密接な関わりをもつようになった。よりよい生活を求めて農村から都市に流入してきた人々は、すぐに仕事を見つけることができなかったり、運よく仕事に就いたとしても農作業の伝統的習性を身につけていたため資本主義が要求する

ような行動をとれなかった。そのため都市に出てきたものの、多くの農民は貧しい生活を余儀なくされたため、なんらかの対策を講じることが都市国家の課題となった。当時の行政的観点からみれば、経済的にきびしい状況に置かれた人々は罪を犯す可能性が高くなるため、予防的措置として特定の場所に収容することとなる。救貧院に収容された貧民は、道徳的に退廃しているとみなされ強制労働に従事させられた。労働を通じて規則正しい生活を送る習慣を身につけさせようとしたのは、きびしい生活から抜け出すために罪を犯そうとする意識を労働によってなくすことが最良だという考え方であり、懲罰としての労働というキリスト教的倫理観が強い影響力を発揮していたと考えられる。

――― 資本主義発生期のなかで、商品生産と貨幣財産の蓄積が社会的利害関心の中心になっていくとき、それと密接に結びあって労働が人間の管理と教育のなかで中心的役割を果たすようになる。(中略) 救貧院という労働現場は、社会的教育の現場であり、同時に経済的生産の現場になる。救貧院は、強制労働による物の生産をするところであるばかりでなく、古い体質の身体に加工を加えて、商品生産を規律正しく実行できる「新しい身体」を制作するアトリエになった。(中略) 労働者の身体が自然的＝農業的身体のままでは産業的商品生産は進まない。商品経済と産業が要求する労働身体の創出を事実上引き受けたのが、救貧院における強制労働システムであった。そこに監獄的工場としての救貧院制度の歴史的意味があった。(今村 1998：34-35)

　当時の統治者たちは、民衆が貧しい原因は道徳的堕落にあると考え、キリスト教が宗教的訓練の手段として位置づけた労働を、社会的教育の手段として受け継ぎ、行政的統治の中心に据えた。こうした考え方は17世紀の西欧に登場し、以降も継承されていったのである。
　近代化が進展する過程において、個人による所有権を市民の自由の基礎をなすものとして無制限に承認しようとした哲学者ジョン・ロックJohn Locke は、労働を価値や富の源泉と位置づけ、あらゆるものに価値

の差異を生じさせるのは労働であるとし、近代社会の成立とともに勤労
(industry) の精神が称揚され、勤労度の差によって個々人の財の不均衡が
生じるのは当然であるといい、所有量の不平等が是認されるようになった。
その後、近代市民社会の発展がもっともみられたイギリスにおいて、アダ
ム・スミス Adam Smith が労働価値説を提唱するなど、富の源泉としての
労働という思想が確立されていく。

　19世紀前半には労働を賞賛することによって民衆をいっそう働かせよ
うとする論者も現れ、労働は人間が生きていくために必要であるというだ
けでなく、労働は人間にとって本質的なものである、あるいは労働の権利
は人間の自然的権利であるといった議論まで展開されるようになっていっ
た。人々の意識にも変化が表れ、たとえ働くことが他者から強制されたも
のであっても、それを日々繰り返しているうちに当然のこととなり、近代
的労働観が内面化していったのである。

　この頃にカール・マルクス Karl Marx が『経済学・哲学草稿』を著して、
工場労働の単調さや残酷さを指摘し、資本主義における賃労働は疎外のシ
ステムだと主張した。労働は本来、人生を意義深いものにする創造的な自
己表現であり、自由な労働は人間が完全な人間となるために必要なもので
ある。しかしながら、資本主義においては分業による労働の細分化が進ん
で、労働者はさまざまな能力を失ってしまうとともに本来の創造的な喜び
が奪われるだけでなく、資本家が生産手段を有するがゆえに労働者は他人
のために働くことを余儀なくされてしまった。ここで注目すべきは、マ
ルクスが指摘した類的疎外であろう。人間はそもそも "類的存在 species-
being" であるというのがマルクスの考えであり、類的存在とは他者とと
もに共同生活を営む社会的存在であることと、他の動物とは違って労働を
通じて自然や環境に働きかけて生産物のなかに自己を反映させ、自己の存
在を確認する生き物であることを意味する。しかし、賃労働に従事すると
労働はたんに貨幣を得る手段となってしまい、人間は動物の次元まで落と
されてしまう、すなわち類的存在から疎外されてしまうというのである。
このことをふまえると、今村のいう近代的労働とはマルクスの指摘した資

本主義における賃労働と捉えるべきだといえよう。

　初期近代において、近代的労働が強制的に創出され、19世紀には思想にまで練り上げられるとともに、人間の本質として人々に内面化され、20世紀には労働神話が確立したという。つまり、古代において下位に位置づけられていた労働は近代において上位へと移行し、同時に余暇や無為が怠惰なものと位置づけられるようになった。「文明の価値基準が根本から変動し」（今村 1998：163）、「人間的になるには労働する権利を獲得することだという。人生の意味が、労働の喜びのなかに求められる。（中略）多忙と勤勉労働は全面的に勝利したのである」（今村 1998：164）。

　しかしながら今村は、「この世に生をうけたものが自分の人生を充実して生きることを配慮し、『よく生きる』あるいは『正しく生きる』ことに多くの時間をさくことができないような状態は、おそろしく不自然なことである。（中略）『よさと正しさ』を考える余裕（自由な時間）を創造しなくてはならない」（今村 1998：192）と、近代的労働からの解放が急務であると述べている。

　広井のいうように、人類が義務としての経済成長から解放されて、物質的な豊かさとは別の方面に創造性を発揮してもう一段階の進級を遂げることを望むなら、労働観の転換も不可欠だといえよう。

5 近代の労働が生み出した“障害者”

　近代によってもたらされた勤勉労働を重視する考え方は、障害観の誕生にも大きな影響を与えた。以降は障害学の観点から労働観を検討する。

　2章でも紹介したヴィック・フィンケルシュタインは、イギリス障害学の歴史的分析に重要な影響を与えており、障害者は以下のような段階を経て労働市場から排除されていったとされる（Finkelstein 1980）。

封建社会においては、経済的基礎である農場や小規模工場でほとんどの障害者は、完全または部分的に労働参加をしていた。その後、資本主義社会を迎えて産業化が進展し、工場での作業スピードおよび規律や時間の遵守などが障壁となって障害者は生産過程から排除されるようになっていった。資本主義経済の下では、新しい機械を操る身体的能力（健全な身体）と、工場が決めた労働規律に服従する精神（健全な精神）を備えた個人が求められたからである。

　杉野［2007］は、1980年代から90年代にかけてイギリス障害学の基軸となったマイケル・オリバー Michael Oliver の理論は、障害の社会的排除のメカニズムを解明する理論的枠組みを提供した点に功績があるという。オリバーは1990年の著書『*The Politics of Disablement*（無力化の政治）』において、障害とは資本主義のイデオロギー的および制度的産物であると主張し、資本主義的労働市場の発展が健常でも正常でもない労働力を排除したと述べる。つまり近代産業社会における「労働力」は使用者の都合によって「標準化された正常な労働力」と「そうではない労働力」とに意図的に分割され、労働市場の調整弁として機能しているのである。

　また、大谷・山下［2011］によれば、イギリスでは1913年に精神薄弱法 Mental Deficiency Act が成立し、知的障害者対策への国家介入が本格化したという。この法律は人々の選別に真のねらいがあり、「社会保障体制を支えるうえで、人々の“労働”による貢献が求められるも、この義務を果たせない者は“患者”としての役割を強要された」（大谷・山下 2011：198）と述べている。さらに、知的障害者を野放しにすれば貧困化して社会の負担が増すことから、常に施設内で監視できるようにし、労働市場からの退場を迫ったのである。

　なぜ、こういう状況がもたらされたのか、福祉は社会的弱者を保護するために構想されたのではなかったのかという疑問が生じる。そこで、大沢［1986］や名古［2005］、高森［2018ab］の研究を手がかりにして、福祉国家の成立過程をたどってみよう。

いち早く市民革命と産業革命を成し遂げたイギリスは、19世紀には「世界の工場」「世界の銀行」として他国の追随を許さないほどの繁栄を遂げていた。海洋帝国でもあったイギリスは世界各地の要所を占領して、「パクス・ブリタニカ」と呼ばれるヘゲモニー時代を創り出したのである。国内ではアダム・スミスの理論などにより、自由放任主義（レッセ・フェール）が唱えられ、優勝劣敗、適者生存・自然淘汰という強者の論理が支配した。当時の国家に対する理想は治安と国防を行う「夜警国家」であり、たとえ国民の多くがきびしい生活状況にあったとしても、国家が介入して改善を試みることは社会の自由な発展を阻害するものとして退けられた。そのために土地貴族やブルジョワジーなどの有産階級はますます富み栄えた半面、多数の労働者や失業者たち、あるいは寡婦や孤児たちはきびしい生活を余儀なくされていた。貧しい人々は生来の怠け者とみなされ、自らが陥った罪悪と考えられていたのである。1834年には新救貧法が制定され、労働能力のある貧民の救済が喫緊の課題とされた。つまり、労働能力があるにも関わらず働こうとしない貧民と貧しい労働者とを区別し、前者を怠惰な人間とみなしてワーク・ハウスという施設（今村のいう救貧院）に収容して強制労働に従事させたのである。言い換えれば、労働能力がありながら働こうとしない者に懲罰的処遇を行うことによって、国家の救済の範囲を限定し、人々を労働へと駆り立てることを意図したものだった。

　自由競争・自由市場・自由貿易によってイギリスは世界市場をほぼ独占していたが、1870年代に入った頃からアメリカやドイツなどの新興工業国の追い上げに遭い、その地位が危うくなっていった。このとき、イギリス再生のためのアイデアとプログラムを提起したのが、社会主義知識人たちの政策集団であるフェビアン協会[1)]と、その実質的指導者だったウェッブ夫妻である。シドニー・ウェッブSidney Webbとベアトリス・ウェッブBeatrice Webbは、若いときから貧困地区における搾取労働や婦人労働を対象に調査を行い、さらには協同組合運動や労働組合運動、救貧法史や地方自治などの研究を積み重ねていた。彼らはイギリスが「福祉国家」へ転換することによって、労働者の地位を改善するだけではなく、国家の永続

的発展を遂げることが必要であると主張した。そのために「国民的効率性の原理National Efficiency」の実現を中核に据えて、世界的な適者生存競争にイギリスが勝ち残っていくための方策を検討したのである。

　ウェッブ夫妻は 1897 年に『産業民主制論 *Industrial Democracy*』を著し、そこではじめて「ナショナル・ミニマム National Minimum」に言及している。ナショナル・ミニマムとはいまでこそ「国家が国民に対して保障する最低限度の生活水準」と捉えられるが、当時は労働政策に限定した内容（長時間労働の禁止や職場の安全衛生環境の整備、児童労働の制限など）で、永続的な産業効率の維持という目的を達成するものだった。さらに高森[2)]は次のように指摘する。

──── ウェッブ夫妻の考える「効率」的な労働者とは熟練した労働能力、知性、勤労道徳を兼ね備えているだけでなく、精神的、肉体的に「健康」な労働者のことであった。（中略）産業の経済的自立には、健康な労働者の「維持」と「補充」が不可欠であることが強調されていた。（中略）一方、心身の「不健康(ill-health)」は、「非効率 (inefficiency)」と強く結びつけられ、「非効率」な労働者を競争的労働市場から退場させるべきであることが、強く主張された。(高森 2018b：179)

──── ナショナル・ミニマム構想は産業の「退化」に対して二重の防波堤の役割を期待されていたことが分かる。1 つは現時点で競争的労働市場にいるべき労働者の「退化」を防止するための防波堤という役割であり、もう 1 つはすでに「退化」したと見なされた「雇用不能者」が競争的労働市場に流入するのを防ぐための防波堤という役割である。後者が「障害者」の労働市場からの強制的排除につながる論理だったことは言うまでもない。(高森 2018a：163)

　ウェッブ夫妻の構想したナショナル・ミニマムは、彼らの弟子であるウィリアム・ベヴァリッジが起草し 1942 年に発表された「社会保険と関連

サービス」という報告書の基本理念となった。ベヴァリッジの提案は戦後の社会政策の青写真を提供することであり、市場経済では解決できない5つの巨悪、すなわち窮乏、疾病、無知、不潔、怠惰を包括的な社会保険計画によって根絶することをめざすものであった。ベヴァリッジの報告書はイギリス国民にとってすばらしい福音になるという噂が発表前から流れ、発売当日には寒い冬の日だったにも関わらず何千人もの人が列をなし、初版13万5,000部は瞬く間に完売したという（ブレイディ 2017：200）。人々は1930年代のような長い大量失業の時代ではなく完全に雇用されることを望んでおり、それを実現してくれそうな労働党政権に大きな期待を寄せていた。その期待に応えるべく1945年に首相に就任したクレメント・アトリー Clement R. Attlee は、ベヴァリッジ報告書にもとづく福祉国家体制（「ゆりかごから墓場まで」の社会福祉体制）の骨格を形成していくこととなる。ここで留意すべきは、アトリーのめざした福祉国家体制はウェッブ夫妻が構想しフェビアン協会の基本思想となったナショナル・ミニマムが根幹となっていることであり、永続的な産業効率の維持のために障害者を労働市場から排除する政策となってしまったことである。

6 日本における70年代以降の社会保障の変化

　では、日本の場合はどうだったのか、高藤［2002］の研究を手がかりにみていこう。高藤は社会保障の原理的変化の過程を① 1973年のオイル・ショック（OPECによる石油値上げ）以後から1980年代まで、② 1990年代、③ 2000年以後の3段階に分けて考察している。

　①の主要な出来事として、田中角栄内閣が1973年を「福祉元年」と位置づけ、社会保障制度の大幅な拡充（70歳以上の高齢者の医療費自己負担無料化、高額療養費制度の導入、年金の給付水準の大幅な引き上げなど）を実施するも、

同年 10 月に発生したオイル・ショックによって"バラマキ福祉"との批判が起こり見直しが開始されたことが挙げられる。そもそも福祉優先の考え方を理念的に支えたのは憲法 25 条で規定された「すべて国民は、健康で文化的な最低限度の生活を営む権利を有する」という生存権条項であったが、「ほとんど一夜にしてといってもよいこの社会保障・福祉思想のイデオロギー的転換ともいえる激変は、（中略）生存権、社会連帯原理（＝社会保障法原理）は、なんと脆いものであることを実証した」（高藤 2002：3）と指摘する。そして、このような原理的転換は日本のみならず、アメリカ、イギリス、ニュージーランドなどの英語使用圏で顕著にみられたネオ・リベラリズム（新自由主義）、さらにグローバリゼーションの進展と軌を一にするものであり、競争原理、民営化、自己責任、小さな政府（＝国家責任の解除）などのキーワードが示される。さらに、福祉における個人責任を強調した公的意見としてもっとも強い影響力を発揮したのは 1981 年に発足した第二次臨時行政調査会だといい、「従来のわが国の達成目標であった西欧型福祉国家からの決別と、国家責任原理の隠蔽と引き換えに自己責任を強調したとの印象が強く、わが国の従来路線よりはかなりのネオ・リベラル路線へ傾斜の助走と感ぜられる」（高藤 2002：4）と述べている。

　②の 1990 年代は、少子・高齢化、バブル崩壊後の経済危機、グローバリゼーションの急速な進展の三重苦に襲われた時期であり、1989 年における合計特殊出生率が 1.57 となって少子化の側面にも注目が集まるようになった。このような状況のもと、社会保障に大きな思想的・原理的変化をもたらす要因となったひとつが、1995 年に出された社会保障制度審議会の勧告である。この審議会は内閣総理大臣の諮問機関として 1949 年に設置され、翌年に「社会保障制度に関する勧告」を発表している。この 50 年勧告では社会保障制度を「疾病、負傷、分娩、廃疾、死亡、老齢、失業、多子その他困窮の原因に対し、保険的方法又は直接公の負担において経済保障の途を講じ、生活困窮に陥った者に対しては、国家扶助によって最低限度の生活を保障するとともに、公衆衛生及び社会福祉の向上を図り、もってすべての国民が文化的社会の成員たるに値する生活を営むこと

ができるようにすることをいう」[3]と定義し、「このような生活保障の責任は国家にある」と明確に示している。そのため 50 年勧告は日本のベヴァリッジ報告と称され、国の責任において福祉国家体制を築いていく方針が示されたのである。

　ところが約半世紀を経た 95 年勧告では、「利用者のニーズの多様性への配慮と給付の自己選択権保障」という従来になかった原理が導入された。すなわち福祉サービスの契約化が提唱され、それまで行政がサービスの利用先や内容などを決めていた措置制度から、利用者本人がサービスを選んで契約する制度への転換が行われた。一見するとサービス利用者の主体性を尊重するものと捉えられるが、高藤は「自己選択権保障は両刃の剣」（高藤 2002：7）だという。サービスについての責任を購入者である利用者に転嫁して突き放したともみなされるからである。4 章でもふれるとおり、多様な選択肢が示されたなかから自分で選ぶという経験の少ない障害者の場合、契約は困難をともなうものであり、十分な準備期間や学習の機会が保障されるべきであろう。

　③においては、2001 年に誕生した小泉純一郎政権による社会保障改革に焦点があてられる。首相就任直後の 6 月に発表した「今後の経済財政運営及び経済社会の構造改革に関する基本方針」（いわゆる骨太の方針）では、グローバリゼーションの流れに即応する経済成長のあり方が模索され、これに向かって努力した者が報われる社会をつくるための方針として、規制緩和、司法改革、自己責任原則の確立、市場・競争原理が掲げられている。社会保障に関しては「自助と自立」を基軸理念として、医療や年金、介護、子育て支援各制度別の改革の基本方針が示された。そして、児童扶養手当法の改正（2002 年）、ホームレス自立支援法の制定（2002 年）、「若者自立・挑戦プラン」の策定（2003 年）、障害者自立支援法の制定（2005 年）など、"自立支援"を掲げて福祉と就労を結びつける制度改革が相次いだのである。

　こうした動向は欧州各国が 1990 年代から取り組んでいるワークフェア（雇用志向政策）に連なるものであり、障害者を就労へと導こうとする動き

も強まる一方であるが、きびしい雇用状況のもとでの障害者の就労は非正規雇用とほぼイコールであり、「フェア・ワーク（仕事に対する公平な処遇）」が保障されないかぎり、さらなる疎外感や不安感を増大させてしまうことになるであろう。繰り返しになるが、社会的排除の克服はワークフェアのみによってなされるものではなく、精神面でのケアも含めた多面的な支援策の展開が求められるのである。

7 日本の障害者雇用政策のあゆみ

　ここで障害者に焦点を絞って、雇用政策がどのように展開してきたのかを概観する。

　日本において社会政策が本格的に整備されていくのは第二次世界大戦後で、敗戦処理としてはじまった。傷痍軍人などを救済するため 1949 年に制定された身体障害者福祉法は、就労への更生・援護を主目的とするものであった。国会での同法制定を目前にした 1949 年 11 月 25 日、衆議院本会議の厚生委員会理事であった大石武一は以下のように法案趣旨を説明している。

―――― 身体障害者福祉法案を決定し、今回これを各派共同提案として提出いたす運びとなった次第でございます。本法案は身体障害者に対し、いわゆる特権的保護を與えんとするものではなくて、いわばこれが更生援護にとどまる法案であります。（中略）第一にこの法律案は、身体障害者の自発的な更生への意欲を根本といたしまして、その更生に必要な物品を交付し、訓練を施し、一般人と同様の社会的活動能力を発揮させることを主眼とするものでありまして、特別の権利や保護を與え、一生国の負担において世話をするといういわゆる特権的保護を規定するものではありません。[4]（ルビは筆者による）

当時の社会状況を鑑みれば、敗戦後の国家における職業軍人保障という性格ももっており、就労をめざす施策の一環として収容授産施設の整備も進められた。この法律における福祉の目的は、更生と更生に必要な保護を行うことに限定されている。障害者を訓練し、なんらかの職業に就けるよう支援し、それぞれが働いて生活を成り立たせていけるようにすることが福祉であるという考え方は、いまの日本にも根強く残っているといえよう。

　日本の障害者雇用政策の変化をたどると、まず 1960 年に「身体障害者雇用促進法」が制定され、民間企業は身体障害者の雇用に努めるよう定められた。1976 年には民間企業の身体障害者雇用が義務となり、1987 年に

表3-2：障害者雇用政策に関する主なあゆみ

1960 年	「身体障害者雇用促進法」が制定され、民間企業は身体障害者を雇用することが努力義務となった。
1976 年	民間企業の身体障害者の雇用が努力義務から義務へと定められた。
1981 年	国際連合がこの年を「国際障害者年」と指定し、「完全参加と平等」をテーマとして掲げた。
1982 年	「障害者に関する世界行動計画」が国連総会で決議され、この計画の実施にあたって 1983 〜 92 年を「国連・障害者の十年」と宣言し、各国が課題解決に取り組むこととなる。
1987 年	「身体障害者雇用促進法」が「障害者雇用促進法」に改正され、すべての障害者が対象となる。
1998 年	知的障害者の雇用が義務化される。
2006 年	「障害者自立支援法」が施行される。障害の種別（身体障害・知的障害・精神障害）ごとに縦割りにされていた障害者福祉制度を全面的に見直し、一元的な福祉サービスを提供するとともに、一般企業で働けるよう支援を強化することが盛り込まれた。
2014 年	日本が国連の障害者権利条約を批准。
2016 年	「障害を理由とする差別の解消の推進に関する法律（障害者差別解消法）」の施行にともない、「障害者雇用促進法」に障害者への差別禁止や合理的配慮の提供義務が盛り込まれた。
2018 年	精神障害者の雇用が義務化される。

（出所：筆者作成）

法律名から「身体」がはずれて「障害者雇用促進法」として改正されたが、この時点では知的・精神障害者の雇用は義務ではなかった。その後、1998年に知的障害者、2018年に精神障害者の雇用が義務づけられた。法定雇用率[5]も少しずつ引き上げられて、雇用率制度対象企業における障害者雇用数は年々増えているものの（制度の対象となる民間企業の平成30年の集計結果によると、雇用者数は約53万5,000人、前年比7・9％増[6]）、法定雇用率達成企業の割合は45.9％である。[7]

　障害者の雇用が増加している背景には、民間企業や自治体などの意識の変化はもちろんあるだろうが、障害者雇用の外注を請け負うビジネスの広がりも見受けられる。たとえば「企業向け貸農園」は障害者雇用に悩む企業の解決策として注目を集めており、大手の自動車メーカーやアパレル企業、外資系製薬会社、出版社などが参画している。農園を運営する会社は区画ごとに契約した企業に貸し出し、企業は自社で雇用した障害者を自社オフィスではなく農園に出勤させ、そこで作業してもらうという仕組みである。そのためひとつの農園でみれば、複数の業種の異なる企業で雇用された障害者が、同じような農作業に携わっていることになる。企業は障害者向けの労働環境を整備しなくても法定雇用率を達成でき、障害者は比較的作業の簡単な養液栽培で野菜を育てるため仕事の定着率が高く、なおかつ福祉的就労[8]に比べればはるかに高い賃金を得られるため、一見すると双方にメリットがある。しかしながら、雇用された企業の社員と交流する機会がほとんどないまま働くことは働きがいや生きがいを感じられるのか、企業の労働環境がなんら変化しないことは障害者の社会参加を促進するための合理的配慮の提供義務違反ではないのかという疑問が生じる。

　また、企業向け貸農園は新たなビジネスモデルだと見なされるかもしれないが、先述した近代の労働観に則したシステムだといわざるを得ない。すなわち、近代における労働とともに"障害"という概念が生み出され、競争的労働市場から障害者は追いやられていった状況と同様であろう。近代の労働観は、効率性や合理性を重視して大量生産をめざした結果とし

て誕生したが、グローバル化の進展と産業構造が転換している現在、同じような価値基準で人々を選別し、障害者か否かを判定する必要はあるのだろうか。現代は工業社会から知識情報化社会となり、人々の創造性をはぐくみ、さまざまな課題に直面しても創造的に解決できるような能力を身につけさせる教育が重視され、それにともなってアートに親しむことも必要だと考えられるようになった。つまり、従来の職業訓練というものを大きく転換する必要があるのではないか。セルフエスティームをはぐくむことを基盤に据えて、働き方を多様にして選択肢を増やすことは、生きづらさを抱えている人々が増加している現代社会において、障害者のみならず必要なことだと考えられる。

8 自己に対する肯定的な感覚こそ

　福島智と星加良司は「『属性』のひとつに障害をまとって」いるという自身の立場から、「特定の産業構造において『生産』をめぐって継続的・固定的に周縁化され、そのことによって人生全般にわたって不利益が増幅していくような社会的位置に置かれているという意味で、現在の若年世代が置かれている問題状況と障害者問題との間に、ある種の共通性や類縁性がある」（福島・星加 2006：131）と指摘する。

　特定の産業構造とは、専門的能力を必要とする高収入の職種と、マニュアル化された単純労働を行う低収入の職種との二極化が進み、人々の所得格差が広がるとともに、それぞれの層への固定化が進行する状況を指す。そこで問題となるのは、生産能力によって自らの価値を計測され、生産能力の高さによってのみ自分が肯定されていると思わされてしまう点である。労働市場での生産能力の評価がそのまま人間存在全体の評価となってしまうなら、生きづらさを感じる人々は増え続けていくだろう。福島と星加は

そういう人々を「価値を奪われる存在」だといい、単線的で直線的な価値基準だけではなく、複線的でオルタナティブな価値基準を社会が許容・奨励する必要性を訴えている。

　そこで注目したいのが、世界各地で長年にわたって展開されてきた障害者運動である。田中耕一郎［2005］によれば、1970 年代半ばに活性化した日本の障害者運動は、アメリカの IL (Independent Living：自立生活) 運動と出合い、肯定的アイデンティティを獲得したという。つまり、自立の重要な要素を ADL (Activity of Daily Living：日常生活動作) から QOL (Quality of Life：生活の質) へと転換させたのである。それまで、リハビリテーションや教育、福祉などにおいて「健常者と同じように（日常生活が）できる」ことを求められ、訓練させられてきた障害者たちは、その過程で常に「できないこと」を突きつけられ、否定的自己を否応なしに自覚させられてきた。しかし QOL を重視する新たな自立観は、身の回りのことを自分でできなくても自立生活は成り立つこと、言い換えれば一人ひとりがどういう生き方を選ぶかという自己決定権の行使を自立と捉える考え方をもたらしたのである。

　筆者は上記のような視点に立ち、障害者の表現活動に焦点をあてて研究を続けている。自己決定権を行使するためには多様な選択肢のなかから主体的に何かを選び取っていいと本人が思えること、すなわち「自分のことは自分で決めていい。そうしようとする私を周囲は認めてくれている」と感じられるようなセルフエスティームがしっかり根づいていることが不可欠だと考え、表現活動がそのような感情をはぐくむ過程を考察してきた（川井田 2013, 2019 など）。肯定的アイデンティティの獲得に表現活動がどのように関連づけられるのか、次節で取り上げる実践から紐解いてみたい。

9 一人ひとりの潜在能力を発揮する契機となる表現活動

片山工房（神戸市）

障害者との出会いがもたらしたもの

肯定的アイデンティティの獲得と自己表現との関連を考察するために、「片山工房」の実践を紹介しよう。片山工房は神戸市長田区に拠点を置く生活介護事業所で、運営するのは特定非営利活動法人100年福祉会である。理事長の新川修平が「すべては"人"の自由と選択を守る場として（100年）存在し続けたい」という思いを込めて名づけた。

長田区で生まれ育った新川は、地元の鉄工所で働いていた20歳のときに阪神淡路大震災に遭って自宅が全壊、勤務先も休業となった。鉄工所の上司からボランティア活動に参加するよう勧められ、障害者の陶芸教室での介助をすることになり、そこで障害者と意気投合し、居酒屋などへ出かけていろいろな話をした。当時のことを振り返って新川は、「人の結びつきに障害の有無は関係なかった。震災で基盤をなくした自分を受け入れてもらい、心のインフラ整備をしてもらった」という。

その後、別の会社に勤務したものの「もう一度、障害者の介助に携わりたい」と考え、28歳だった2002年に介助者派遣の事業所で働くことにした。障害があっても地域であたり前に暮らせるよう24時間の介助者派遣をコーディネートする仕事で、やりがいを感じていたものの、2003年4月の支援費制度導入にともなって隣接する作業所を閉所する話が出てきた。新

写真3-1：片山工房での活動の様子　　　　　　（提供 片山工房）

川は「利用者の行き場をなくすわけにはいかない」と引き継ぐことにし、2003年6月に当時の所在地だった片山町にちなんで「片山工房」（以下、片山）と名称を変更して再出発した。当時の仕事は、機関紙を発送する際の帯封（宛名を書いた紙で、機関紙の中央を帯のように巻く）作業などだった。次第に「単調な仕事を続けているだけ。障害者の仕事はこれでいいのか？」との疑問が生じ、福祉施設のあり方を考えるようになったという。

表現活動は能動的になれるツール

　利用者と何ができるかを話し合ううち、それぞれの個性を感じ、その個性を自由に表現すれば面白いものができるのではないかと思いついた。そこで、一人ひとりに真っ白なキャンバスに向かって好きなように描いてもらうことにした。「こんなお願いにとまどう人もいるのでは？」と心配したが、意外にもみんなが興味を示し、ある人はヘッドギアに筆をつけて描き、ある人は絵具を入れた紙コップを足で蹴り、流れ出た絵具によって抽象絵画のような作品が生まれた。利用者が楽しみながら次々に描き、モノクロだった空間がカラフルに変化していくにつれて、「こういうことが彼らにいちばん必要なことではないか」と確信をもつようなった。つまり、一人ひとりが自分のやりたいことをして楽しむ様子をみているうちに、表現活動はその人自身を知ることができるもので、その人を能動的に変えていくツールでもあると気づかされたのである。そして、自己表現という"人"を軸とした活動を本格的に開始した。

写真3-2：片山工房での活動の様子
（提供 片山工房）

写真3-3：片山工房での活動の様子　　　　　　　　　　　　　（提供 片山工房）

　当初の利用者は5名だったが、口コミで評判が広がるにつれて増え、5年後には約20名、現在は約40名になった。開所しているのは火曜から土曜の10時から18時まで、本人の希望によって毎日でなくても利用できるシステムにした。そのため、利用者のほぼ全員が他の施設に所属し、表現活動をしたいときに片山へ通ってくるという状況になっている（ちなみに表現活動には、何もしないということも含まれる）。

　なぜこういうシステムにしたのかをたずねると、「施設は毎日義務で通うところではなく、利用者が自由に選んで利用すべきもの」といい、「今日は日差しがまぶしいから休む」という利用者からの連絡も「どこかの講演でネタにしよう」と笑って受け止める。スタッフは新川を入れて6名、うち表現活動を主にサポートしているのは4名で、経営は大丈夫なのかと心配してしまうが、「休むという連絡がしやすくなると、かえって長続きする」とのこと。自分の気持ちを受け止めてくれるスタッフがいるという安心感をベースに、確かな信頼関係を築いているからこそ、自由な表現が生まれるのだろう。

写真3-4：齋藤晴久「諏訪山公園下の散髪屋が廃墟になったⅠ」 （提供 片山工房）

「待つ」ことからのはじまり

　片山を利用する前の面接で、「自分は何もできないかもしれない」とい
う方も多いという。特別支援学校を卒業すると、ほとんどは施設へ行って
働くことになるが、そこでは与えられたものをなんとか"こなす"ことが
常態化しているようなのだ。新川は「とくに身体障害のある方々は、周り
が手厚くサポートしすぎていたので、自分で"～したい"という気持ちが
薄れてしまっていると感じる」という。そのため、面接ではじっくり時間
をかけて向き合い、その人自身の奥底からどんな"～したい"というニー
ズが出てくるかを待つ。すぐに実現することは困難でも、数年かけて一緒
に必ず実現させようと伝え、互いの関わりがはじまっていく。面接で伝え
られた最初のニーズは、表現活動に関するものではないかもしれない。し
かし、それも含めて受けとめる。スタッフは一人ひとりに適した環境を整
えられるように努め、描く素材や道具を本人が選ぶことを待つ。いい絵を
描けるかどうかではなく、本人が描きたい絵を描けるかどうかを重視して
関わるのだ。

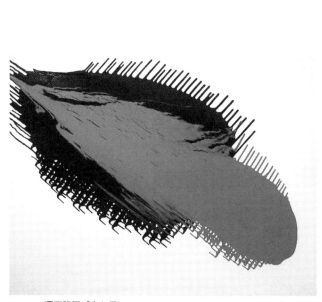

写真3-5：澤田隆司「赤と黒」　　　　　　　　　　　　　（提供 片山工房）

　休むことも含め、何かを選ぶことを重視している片山において、表現活動は次のような一連の場面から成り立っている。①自己決定する場面をつくる（素材や表現したいものを選ぶ作業）、②達成する場面をつくる（作業の終わりを体感する作業）、③人とのつながりの場面をつくる（作品を発表する作業）。これらの体験を通じて一人ひとりが「自分にもできる／できた」という感覚を実感し、さらなる“〜したい”という気持ちが引き出されていくのだろう。

　片山では社会との接点をつくることも重要だと考え、公募展に応募するだけでなく、独自に企画した個展やグループでの展覧会なども積極的に行っている。これらは目的ではなく、あくまで個々の表現活動のプロセスのひとつなのだが、結果として多くの利用者が入賞し評価されている。行政や企業、地元の商店街からの依頼による協力事業も数多く、作品を通じて利用者が社会とつながるきっかけになればと考え、参画するのだという。

写真3-6：湯井亮「トミカプレミアム13ディーノ246 GT」　　　（提供 片山工房）

なんのための表現か

　新川自身、公募展や企画展の実行委員を依頼されることが増え、障害の
ある方の作品に接する機会が多くなっている。そんななかで、「ご本人は
本当に出展したかったのだろうか？　展示されたかったのだろうか？」な
どの疑問がふつふつと込み上げてくるのだという。そして、この疑問は自
分へと向かう刃ともなっているのだろう。「本当にその方は描きたいのだ
ろうか？」と立ち止まり、声にならない声を聴こうとしながら、片山とい
う場が一人ひとりにとっての居場所になるようにと、作品ではなくあくま
でも"人"を軸とした活動をめざしている。

　また、表現する人自身や周囲とのつながりを含めて多面的に"表現"を
見つめ直そうとする展覧会「about me」[9]に関わり、次のような文章を寄
せている。

　――― これからも、全国で大きな波のように、それにして浅瀬のような、障
　　害のある方の公募展や展覧会は開催されるであろう。そして、入選者も増

108

写真3-7：木村篤志「ジャイアントオクトパスの襲撃」　　　　　　　（提供 片山工房）

え、審査員も増え、飽和状態になった時、この表現者と言われていた方々の
「本質」を見失い、問われた時に、今は小さなスタートを切ったこの「about
me ～ "わたし" を知って～」に携わる方々が基軸となり、描く方と寄り添う
方の安堵感を与えるに違いない。(中略) これからの時代は、作品も大切だが、
「人」がどのように毎日を慈しみ、「人」がどのように毎日を生き抜いている
のか。それが作品として反映され、「作品は人そのもの」であることを意味付
けると信じている。(新川 2018：85-86)

　現在の障害者アートへの注目の高まりはブームともいえる様相を呈して
いるが、そうした動向に流されることなく、本質を見きわめる力が試され
ているといえるだろう。さらに、福祉 well-being を自由が保障された環
境で潜在能力を発揮していくことと捉えるならば、その前提となる一人ひ
とりの能動性を引き出すことが求められる。そうでなければ、働き方を
多様にして選択肢を増やしたとしても、結局は形骸化してしまうだろう。
"人" を軸にした表現活動を展開している片山の取り組みは、その示唆を

与えてくれるのではないだろうか。

注

1) 1884年に結成された知識人のグループ。社会科学に特化した大学であるロンドン・スクール・オブ・エコノミクス（LSE：London School of Economics and Political Science）を設立する際の母体であり、ウェッブ夫妻はLSE設立に大きく関与した。

2) 髙森の研究は、従来のイギリス障害学の見解（産業革命のはじまりから19世紀前半までに焦点をあてた、障害者の労働市場からの排除）に疑問を呈し、ウェッブ夫妻のナショナル・ミニマム構想の分析を通じて、19世紀末から20世紀にかけて障害者が競争的労働市場に姿を見せていたことを明らかにしたものである。

3) 国立社会保障・人口問題研究所
http://www.ipss.go.jp/publication/j/shiryou/no.13/data/shiryou/syakaifukushi/1.pdfより引用。

4) 1949年11月25日第6回国会厚生委員会記録より抜粋。

5) 「障害者雇用促進法」は、職場で働く人の一定割合以上を障害者とすることを義務づけており、その割合を意味する。2018年4月に国や地方自治体は2.3%から2.5%へ、民間企業は2.0%から2.2%へと引き上げられ、2021年4月までにそれぞれ0.1%引き上げられる。この割合が達成できていない場合は不足1人につき月額5万円の納付金が徴収される。

6) 厚生労働省平成30年障害者雇用状況の集計結果より、2018年6月1日時点のもの。

7) 注6と同じ集計結果より。

8) 福祉的就労とは、福祉サービスや訓練の一環として労働を位置づけ、作業時間や作業量などは利用者の希望によって定められる働き方を意味する。そのため、最低賃金法は適用されず、給料は低水準であることが多い。

9) 「about me ～"わたし"を知って～」展は2017年12月に大阪市で第1回が開催された（主催：社会福祉法人大阪障害者自立支援協会〔国際障害者交流センタービッグ・アイ〕）。そもそもの契機は、障害者施設の職員らが入選できなかった人の表現にも大切な意味があるはずだと考えて企画したからである。「アート作品」とは呼べないかもしれない表現や日々の様子なども含めて多面的に"表現"を見つめ直そうとするため、展示に工夫がこらされている。第1回が好評を博したため2019年2月にも大阪市で第2回が開催された（主催：大阪府）。3回目の企画も進行中である。

第 4 章

文化基盤型社会的企業を志向する
福祉施設の取り組み

本章ではまず、排除されてきた人々をエンパワメントし、潜在能力（ケイパビリティ）を向上させることによって労働市場や地域コミュニティに包摂していくことをめざすヨーロッパの社会的企業について紹介したい。その後、既存の労働観を打破し、社会的企業のような取り組みを展開している日本の福祉施設の実践を紹介しよう。

1 社会的企業とは

　従来の福祉国家のもとでの市場経済における完全雇用と社会保障との良好な連関が崩壊するなか、ヨーロッパの先進諸国では就労がむずかしい人々の問題解決に向けて"社会的企業"が大きな役割を果たしている。アメリカにも社会的企業という概念はあるものの、類似する言葉としてコミュニティ・ビジネスやソーシャル・ビジネス、市民事業、社会的起業などがあり、さらに企業の社会貢献やCSR（企業の社会的責任）に連なるものとして捉えられる場合もある。つまり、社会的企業は多様な利害関心のもとで多義的な概念として用いられており、アメリカとヨーロッパではその捉え方に大きな違いがある。

　北島［2012］と藤井［2009］によれば、アメリカにおける社会的企業は、従来のような利益の最大化を追求する企業活動ではなく、福祉や環境など社会的な問題解決に取り組む新たなビジネスモデルとして捉えられることが多い。そのために企業の社会貢献やCSR、さらには社会起業家による個人的な活動が中心となっている。また、社会的経済という視点がなく、協同組合や共済組合を含めないことが特徴として挙げられるという。

　一方のヨーロッパでは、1章でふれたように相互扶助や民主的参加を含む連帯関係を組み入れた経済活動としての"連帯経済"の潮流があり、それを基盤に社会的企業は登場してきた。よって、連帯や民主的参加などを

表4-1：アメリカとヨーロッパにおける社会的企業論の比較

	アメリカの社会的企業論	ヨーロッパの社会的企業論
社会的企業概念に おける "社会性" の内実	社会的目的（社会的目的自体の内容に関しては、無規定）	社会的排除の克服（社会的目的）、非営利性と民主的参加（社会的所有）、ソーシャル・キャピタル（資源）
イノベーションの基盤	社会的起業家の自由なアイデアの展開と強力なリーダーシップ	上記の社会性を基盤とした共同生産（co-production）
基盤となる主要な経済関係	市場経済	連帯関係を基盤とした多元的経済
理論上の焦点	社会的起業家という個人と彼らを担い手とするイノベーション、事業収入を上昇させるための実践的な経営戦略	社会的排除問題の解決、制度的環境（法制度、福祉レジーム）への注目、市民社会との関係、社会的企業のガバナンスなど多様
担い手となっている研究者	ビジネス・スクールを中心とした経営学者やコンサルタントが中心	社会学者・政治学者・経済学者を含む幅広い社会科学研究者

（出所：藤井［2009］p.141 より一部改変して転載）

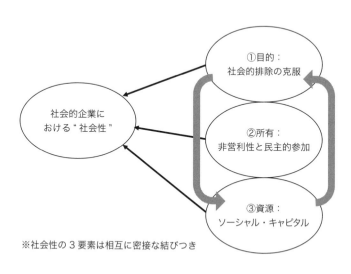

※社会性の３要素は相互に密接な結びつき

（出所：藤井［2009］p.137 より一部改変して転載）

図4-1：エメスにおける社会的企業の"社会性"

志向する運動としての特徴をもち、社会的排除の克服に努めるとともにコミュニティ全体の利益につながることをめざす組織が設立された。そのため、政府からの委託契約を中心に公的資金が多く投入され、法的枠組みも整備されてきた。1章で取り上げた1991年イタリアの社会的協同組合法の成立を嚆矢として、1995年ベルギーの社会的目的会社、1998年ポルトガルの社会的連帯協同組合、1999年ギリシャの有限責任社会的協同組合など、社会的企業を法的に認知する制度が形成されていった。

　また、ヨーロッパではEMES（L'EMergence des Entreprises Sociales：エメス）という研究者グループが中心となって、社会的企業の調査研究が蓄積されてきた。エメスは、1996年に欧州委員会からの支援を受けてスタートした国際比較調査プロジェクトを機に結成され、多様な分野の研究者がメンバーとなっている。

　エメスにおける社会的企業の概念は、"企業"という言葉が示しているように、経済的リスクを背負いながら財やサービスを継続的に生産し、有給の労働者を雇用している組織を指す。この点はアメリカの社会的企業と同様だが、ヨーロッパの場合は"社会性"に対する理解がアメリカとはまったく異なるという。すなわち、エメスでは社会的企業の社会性を①目的、②所有、③資源という3つの要素で捉えている（図4-1を参照）。

　①目的は、あくまでも社会的排除の克服である。したがって事業領域は排除されている人々の支援プロセスと密接に結びつき、雇用創出・職業訓練・社会サービス・地域再生など多岐にわたる。なお、ここでいう職業訓練とは、たんなる職業能力の開発だけではなく、コミュニケーション能力など他者と交流するために必要な社会的スキルを磨くことも含まれる。

　②所有は、事業で得た利益の分配は制限されるとともに、社会的企業という組織そのものが民主的な運営にもとづくという特徴が挙げられる。このような運営方法は雇用されるメンバーのみならず、活動に関わるボランティアや地域住民なども巻き込んで、一人ひとりの声に耳を傾けようとするボトムアップのガバナンスを重視していることを意味する。このことは1章5節で紹介したイタリアの社会的協同組合が、従来の制度的枠組みの

なかでは耳を傾けられることのなかった、さまざまな生きづらさに直面する当事者たちが、自らの手でその克服を探るために行動を開始したこととつながるだろう。

　③資源についてエメスは、ソーシャル・キャピタル（社会関係資本）を第一に挙げている。ソーシャル・キャピタルという概念は1章5節で紹介したとおりロバート・パットナムが提起したものであり、連帯経済を構成している連帯関係そのものを意味するといってよい。経済的な価値基準ではかることはできないものの、相互に承認しあう関係を築いていくうえでなくてはならないものを、社会的企業は生み出しているといえよう。

　さらにエメスは、社会的企業は上記のような社会性を有するがゆえに、国家単独ではなしえないイノベーション（革新）をもたらすのだと説明している。その理由は、排除された人々を雇用する場合は長期的で安定的な関係も必要となるために、一人ひとりの声を受け止める対話が必要となり、そうした対話を積み重ねることによって、労働によって生み出される財やサービスの質の向上につながり、それがイノベーションの重要な基盤となるからである。また、社会的企業で働く人々に対しては、経済的価値以外の価値を実感できないと継続がむずかしいため、働くことを通じて他者との豊かな関係を築いたり、自己の成長を感じられるようにすることも重要な基盤条件だという。そのために民主的参加は不可欠であり、「労働市場の失敗」を克服するうえで重要な意味をもつ。このような点について藤井は次のように述べている。

───「労働市場の失敗」とは、効率性が要請される一般の営利企業において、労働者を選別・訓練する際に、多くの時間やコストをかけることができないために、表面的でわかりやすい徴表（たとえば、障害のあるなしや学歴）によって相手の能力を評価し、選別することをいう。しかし、たとえば、知的障害者を雇用する現場を考えてみると、彼等の能力は、所与の個人の属性としてあらかじめ明らかになっているようなものではない。むしろ、能力とは、職場環境の中で、長期的な関係を構築しながら、発見され、育まれるものなので

ある。こうしたことからも、当事者を巻き込み、安定的かつ受容的な職場環
境を作り、現場で丁寧に合意形成を作り出していける組織形態が必要となる
のである。(藤井 2009：139-140)

　ここで示されている組織形態のひとつが社会的企業であり、イノベーシ
ョンを起こす可能性を秘めているがゆえに、排除された人々の利益のみな
らず社会全体の利益になることが強調されている。
　このことをふまえると、障害者の表現活動から社会的価値を見いだそう
としている福祉施設は、社会的企業の性質を併せもつものとして捉えられ
るのではないだろうか。そこで次節以降、表現を多角的に捉えて価値の創
出を試みている福祉施設の独創的な取り組みを紹介したい。

2 存在の肯定がもたらす仕事
カプカプ（横浜市）

“ザツゼン”によって伝えたいこと

　横浜市旭区の UR 西ひかりが丘団地の商店街にある「喫茶カプカプ」は、
すべての人が歓待される場所として存在している。「カプカプ」という店
名は宮澤賢治の童話『やまなし』に出てくるクラムボンの笑い声に由来す
る。もともとは 1997 年に地域作業所カプカプとしてスタートし、翌年に
喫茶店を開店、2017 年には生活介護事業所に移行した。現在は「カプカ
プ竹山」(横浜市緑区) と「カプカプ川和」(横浜市都筑区) も含めた 3 事業所
で約 60 人が働き、いずれも喫茶店を中心に製菓や創作、リサイクルバザ
ーなどを行っている。
　カプカプでは事務用のコピー機を用いてコピーサービスの対応もしてい
るため、地域の人々が気軽に立ち寄れる場所になっていて、年末年始に休
業すると「行くところがなくて困る」と常連客にいわれるほどだ。店内中

央に10人ぐらいが座れる大きな一枚板のテーブル、その周りに3つの4人掛けテーブル、奥には横になれる座敷があり、天井からは開店15周年のときに吊るされた色とりどりの三角形の布がたなびき、壁には商品の雑貨や本、小物が所狭しと並ぶ。一見すると雑然としているが、整然としすぎない絶妙な配置とくつろげる雰囲気は、所長の鈴木励滋（すずきれいじ）の考えを具現化している。"ザツゼン"というキーワ

写真4-1：喫茶カプカプ外観

写真4-2：喫茶カプカプ店内

ードは前運営委員長の最首悟（さいしゅさとる）によるものなのだが、鈴木は、「いろいろな違いをもったもの（者／物）が一緒にいる（居る／在る）」ことによって「整然とすべき／あるべき」という価値観を揺さぶることだという。置くモノを選ばないザツゼンさは同様に、来る人も選ばないという表明に通ずるというのである。

　鈴木は大学時代に政治社会学を専攻し、卒業後はアルバイトをしながら物書きになろうと思っていたところ、恩師・栗原彬の知人である世織書房の伊藤晶宣たちが開設の準備をしていた作業所の説明会に誘われ、行ってみると「今度職員になる鈴木くんです」と紹介されてしまった。困惑した

ものの、「しばらく付き合ってみるか」と考え直し、そのまま現在に至っている。

――― 福祉を学んでもいなかったので、精神障害も知的障害もなんにも分からない状態で入ったけど、だからこそ良かったかもしれない。先入観なく、それぞれが持っている生きがたさがあって、その家族も苦しみのようなものを抱えているなかで、なんだかね……なにかしてあげたいとか、そういうのじゃ全然なかったんですよ。こんなにすごい人たちがいるのに、本人も家族も苦しい思いをしてたりするのは、理不尽だなって思って。そういうようなことを、大学の時に理屈では考えていたので、だったら僕が面白いと思ったことを他の人も面白いと思えることができる場をつくることで、僕みたいな考えに共感してくれる人が増えていけば、ここは少なくとも生きがたさが少し緩む場所になるかなあと……。(カプカプひかりが丘 2016：58)

　鈴木の考える"障害"とは、機能や能力によって何かが「できない」ということよりも、それによる"違い"を許せないことで受ける不利益であり、社会全体の価値尺度の貧しさによって引き起こされる生きづらさこそが"障害"の正体だという。障害は関係に起因するものでもあり、障害者だけに障害があるのではなく、障害の有無に関わらずお互いの問題として捉え、一人ひとりの価値尺度を豊かにして違いを肯定することを重視している。カプカプのスタッフの大事な仕事は、障害のあることや違いのあることで抱えてしまったしんどさ・生きづらさをゆるめることであり、一般には問題行動だと思われるようなカプカプーズ(カプカプ利用者の通称)のふるまいを、どうすれば周囲に面白がってもらえるものにしていけるのかを探ることでもある。

関係を変え「働く」を問い直す装置
　その実践のひとつ、カプカプひかりが丘は喫茶店という形態をとってい

写真4-3：20周年記念となる2018年9月カプカプ祭りの様子

るが、たんなる経済活動のための場所ではなく、人々の関係を変えていく装置として機能している。たとえばスタンプカード。喫茶の利用100円ごとにスタンプをひとつ押してくれて、30個たまれば300円分の利用ができる。ありふれたサービスだが、ここではお客の名前を覚える手段としても活用されている。なぜなら、カプカプを利用してくれる地域住民は高齢者が多く「なくしてしまうから」とスタンプカードを自分で管理せずカプカプに預けっぱなしにする。するとスタッフはスタンプカードの持ち主の顔と名前を覚えるようになり、次の来店時にその人の名前を呼んで接客ができる。そうなるとお客の方もスタッフやカプカプーズの名前を覚えるようになる。このようにはじまっていく交流によって、「高齢者」や「障害者」などの一般名詞ではなく固有名詞をもった者同士の関係、「誰かと交換可能ではなく、あなたでないと困る」という関係へと発展していくのだ。

　カプカプーズの黒瀧勝は、「左利きの子どもに興味がある」と会う人すべてに話しかけるので、以前所属していた福祉施設ではそういう話しかけは禁止されていた。40代の男性がいきなりそんな発言をすると不審がら

れるという施設職員の配慮だったのだが、禁止された黒瀧は次第にフラストレーションが溜まってしまい、幼稚園に「左利きは何人いますか？」という電話をかけてしまったこともあるそうだ。しかしカプカプに移ってからは、黒瀧の「左利き」の話は接客トークだとされて、人生経験豊富なお客たちが「私たちの頃は左利きも多かった」と昔のことを話しはじめることもあり、問題行動にならないどころか話がどんどん広がっていくようになったという。さらに、お客との交流が大好きな黒瀧のために、トークがメインで描くのはあっという間、まるでインスタントカメラのような「クロタキ・ポラロイド」（1枚300円）と称する独自の〈はたらき〉が開発されたのだった。

　店の奥にあるゴロゴロスペースと呼ばれる座敷では、最年長カプカプーズの野元好枝が特技の手芸で人気商品「ノモトのバケツ」を制作しながら、カプカプのおっかさんとして若者を叱咤激励している。そのかたわらに時折いるのは最首星子だ。最首は両目が見えず言葉も発しにくいが、耳はとてもいいので店内の音楽に合わせて身体を揺らしたり、お気に入りの利用者の声が聞こえると自分からそちらに寄っていく。常連客はそんな姿を見守っていて、店にいないと「今日、星子さんはお休み？」とたずねてくる。最首はいわゆる重度障害者と認定されているために何もできないと思われてしまうが、彼女のことを気にかけて会うのを楽しみにしてくれるお客がいるのだから、店にいること自体が彼女の接客であり対価を得てよいというのがカプカプのスタイルだ。

　鈴木は父親から「昔の人は、働くというのは傍が楽になることだといったものだ」と折にふれ聞かされたそうだ。当時はまだ働いておらず、少々反発しながら聞き流していたものの、父親が亡くなってからしみじみと考えるようになった。つまり"楽"を経済的豊かさに限定するなら違和感を抱いてしまうが、おいしい食事やお茶を提供できる、心地よい服を仕立てる、心を揺さぶる絵を描く、魂が共振するような歌を唄うなど、精神的豊かさを含めたものと考え、そんな"楽"を周囲の人々に感じてもらえることであると捉えるならば、「働く」の意味は大きく変化するだろうというのだ。

地域にひらく意味

　カプカプひかりが丘のある地域には、1968 年に開設された市営ひかり
が丘団地 (2,325 戸) と 1970 年に開設された UR 西ひかりが丘団地 (961 戸)
があり、かつて商店街へ加入するためにはきびしい審査（年間売上額、支店
の有無など）をパスしなければならなかったそうだ。高度経済成長の時代
が終わると、子育て世代の親とたくさんの子どもたちでにぎわっていた商
店街を取り巻く環境は一変する。2013 年 3 月には団地内に 2 つもあった小
学校の片方が閉校となり、団地に隣接する生協は 1990 年代に閉店してし
まい、その跡地に数社が出店を検討したものの、調査の後に「ここはダメ
だから出店しない」と判断して結局は更地になってしまった。高齢化率は
44% に達し、連れ合いをなくした独居老人の世帯が増え、人口減少も著し
く進んでいる。

　そこでカプカプは少しでも地域を活気づかせようと、喫茶店だけでなく
店の前でリサイクルバザーを開始した。ただ品物を並べるだけでなく、太
鼓や笛を出して各自が好き勝手に演奏していたら、「いい加減にしてくれ」
と近隣の店舗からクレームが届いた。「そうですね、すみません」と自粛
すると今度は、「ちょっとさみしいね」といわれた。「そうですよね。じゃ
あ、ほどほどにします」と現在はほどほどににぎやかにしている。この
ような周囲の反応の変化は最初の頃からみられ、喫茶店をオープンさせ
た 1998 年には周囲から「どんな店になるんだろう」と警戒されていたが、
2009 年に工房を開設したときは「どうぞ、どうぞ」と歓迎ムードとなり、
「できればもう 1 店やってほしい」ともいわれたそうである。また、2011
年から 2 カ月に一度、画家・絵本作家のミロコマチコを迎えて絵を描くワー
クショップを実施しており、工房の前の通りに 8 メートルぐらいの長さ
の布とブルーシートを敷くこともある。事前に周囲の了承を得ようと訪問
すると、これも「いいよ、いいよ」といってもらえるようになった。毎年
9 月の「カプカプ祭り」では、朝から夕方まで店の前でダンスや音楽、ラ
イブ・ペインティングなどが繰り広げられ、地域住民はにこやかに見守っ
ている。

このように積極的に地域にひらき、地域と関わろうとするのは、障害の
あるカプカプーズのためだけではなく、地域住民にとっても必要な場、安
心していられる場になってほしいとの思いからだ。地域で暮らすある高齢
女性は、「水だけ飲んで帰っていく人もいます。今度まかないのご飯を食
べに来てください」と鈴木から話しかけられたことがきっかけで、カプカ
プへ通うようになったという。困ったことが起きれば駆け込める場所のあ
ることは、誰にとっても必要だろう。さらに地域内の関係機関とも連携す
べく、自治会の会合や地域包括ケア会議などにも積極的に参加している。
横浜市ひかりが丘地域ケアプラザが主催する介護者対象のサロン「銀倶楽
部」に場所も提供していて、介護に奮闘している地域住民たちが月に一度
集まってお茶を飲みながら話をしている。「地域と一緒に」ではなく「地
域で一緒に」、それぞれの生きづらさをゆるめる仕組みを構築しつつある。

さまざまに表現できる豊かさを

　ミロコマチコとの出会いは 2011 年、ある展覧会がきっかけだった。数
名のアーティストが自分の作品と響きあう障害のある人の作品と並べて展
示するグループ展で、ミロコがパートナーを探しているときにエイブルアー
ート・カンパニー（障害のある人のアートを、デザインを通して社会に発信する組
織）のホームページでカプカプーズの渡邊鮎彦の作品と出合い、彼の「絵
を描く行為そのものが好きで、結果の絵に執着しない」ところに惚れこん
だのだという。そして鈴木もミロコの姿勢に惚れこんで、ワークショップ
の講師を依頼した。その姿勢とは、正解に導くような指導をしないことで
あり、一人ひとりのカプカプーズとていねいに関わってくれることである。
ミロコは奄美大島に転居した後も隔月でカプカプへやってきて、一緒に絵
を描くことを楽しんでいる。
　本書の冒頭でふれたとおり、近年障害者アートへの関心が高まったせい
か、「障害のある人たちがみな “自由奔放” に絵を描く天才だと思うのは
“健常者” の勘違い」だと鈴木はいう。さらに「教育の場などで “常識的”

な評価にさらされて傷つき『描けません』という人すらいて、それは『(美術教育の尺度でいう"きれい"な)絵は描けません』という告白なのではないかと思います。その呪縛は強烈で、解けるまでにはかなりの時間を要します」「いくら有名なアーティストでも、突然やって来て褒めてくれたとして、その言葉はなかなか届かないのではないでしょうか。ミロコさんが有名になったからではなく、カプカプーズとの時間を8年間も積み重ねてきてくれたからこそ、想いが伝わるのだと感じます。(中略)安心を場に満たすことが出来る才能こそ、ミロコマチコという作家の稀有な力であり、彼

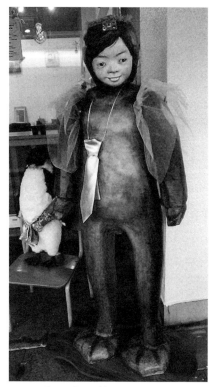

写真4-4：カッパ大ミオ神

女の絵が多くの人を惹き付けるゆえんだと思っています」[1]とも話している。

　2019年9月8日に開催された「カプカプ祭り」では、3月に急逝してしまったカプカプーズの土屋美緒を模して作られた「カッパ大ミオ神（大明神）」がお披露目された。彼女の支援学校時代の恩師でもある造形作家の幸地とも子が作製した像に、職員で日本画家の武山剛士とカプカプーズとで彩色し、祭りの日にミロコが甲羅に仕上げの色をつけた。いまも喫茶カプカプの斜め向かいにある工房カプカプの前で、カッパ大ミオ神は来訪者を迎えてくれている。土屋の棺にはミロコが書いた手紙も納められたそうで、これらのことからも、ミロコとカプカプーズとの関係や積み重ねられた時間がみてとれる。

カプカプーズがそれまで生きてきたなかで感じた生きづらさによって、表現そのものが委縮してしまっている場合もあるというが、ミロコの他にも体奏家の新井英夫や文化活動家のアサダワタルを招いてワークショップを実施することによって、多様な表現方法があることに気づいたスタッフが場を安心で満たせるようになり、カプカプーズは自由に表現していいと思える感覚を自らに取り戻す。それこそが、生きづらさをゆるめることにつながっていくのだろう。

生きづらさは誰にでもあるからこそ

　ひと昔前までの福祉では、障害者を少しでも健常者に近づけるように訓練を行い、管理することがあたりまえだと考えられていた。障害はその人自身ががんばって克服するものという考え（＝個人モデル）が主流だったからであるが、いまは社会の側が環境や制度を整えていくという考え（＝社会モデル）へと変化しつつある。カプカプの実践は、障害をなくすのではなく、関係を変えていくことによって障害者のみならずどんな人でも肯定されるよう価値観の転換を企てているともいえる。効率性や合理性を過度に追求した現代社会は、がんばって結果を出さないと認めてもらえない世の中であり、自分の弱さをさらけ出せずに生きづらさを感じている人々は増加している。そんな生きづらさを感じている人たちは、カプカプーズと出会い交流するなかで、さまざまな規範に縛られている自分を解放するきっかけも与えられるだろう。

　鈴木は 2005 年にダンスパフォーマンスグループ BABY-Q を主宰していた東野祥子のダンス作品 [error cord /// pcsh404slhq] をみて、最初はよくわからなかったのにいつのまにか泣いていたという経験をした。そのとき、言葉や理屈ではなく感覚に直接働きかける表現の魅力に気づき、自らの価値観が固定してしまわないようにしたいと感じたことが、演劇やダンスなどの舞台作品を鑑賞し続けている理由のひとつだという。多くの舞台をみることによって自分の感度を高める努力を続けていれば、論理や常識、

知識などすでに持ち合わせている尺度でしか物事を判断できない不自由さから逃れられるのではないか。さらに、日常のさまざまな出来事を面白がれずに、支援者あるいは管理者という強者としての行動をとってしまう危険性を退けられるのではないか、と考えるようになったという。

　障害者アートへの関心が高まっている状況をどう思うかを鈴木にたずねてみると、「懐疑的だし、カプカプはアート系の施設だと位置づけられたくない」との言葉が返ってきた。ミロコや新井、アサダたちとのワークショップを実施したり、毎日絵を描いているカプカプーズもいるのだが、アートはカプカプーズの日常を楽しく豊かにするためのひとつの手段にすぎないという。なぜなら鈴木にとってアートとは、舞台鑑賞によって自らの価値観が揺さぶられているように、一人ひとりの足元を揺るがし価値観の問い直しを迫るツールだからである。障害者アートがブームとなっている状況においては、"健常者"といわれるマジョリティに「がんばっている」「癒される」などの表層的な感覚を抱かれ消費されてしまう懸念を払拭できないため（なかにはそうならない鑑賞者との出会いもあるだろうが）、積極的には現状に与したくないのだという。カプカプを訪れて実際にカプカプーズと交流し、新たな関係を築くなかで価値観が揺さぶられ、世界の見え方が変わっていくプロセス、つまりカプカプで起こっている現象そのものがアートなのだといっているようにも思える。

　生きづらさを感じてしまう整然とした世界に対し、はみ出すものや弱さを許容できる世界をカプカプでは"ザツゼン"と表現する。"ザツゼン"の世界は障害者だけでなく誰にとっても必要な世界であり、カプカプという場での交流を通じて関係そのものを揺さぶり、さらにその根底にある社会全体を覆っている価値観や規範も変えていけるように、カプカプの活動はまだまだ続いていく。

3 働くことは他者に喜んでもらえる権利
アートセンター画楽（高知市）

健常者文明を問い直す

　高知市にあるデザイン事務所の有限会社「ファクトリー」は、代表取締役を務める上田祐嗣が1990年4月に友人2人とともに設立した。設立当初から行政コンサルティング、地域計画や保健・福祉計画の策定支援、障害者の社会参画のためのイベントなどを手がけ、障害者の美術作品を展示する「パラレルアーツフェスティバル」も実施していた。その頃は、作品を発表して「ほめられる機会」をつくることによって自信をもつことや、家族や親戚、さらに地域のなかで認められる一助になればいいと考えていたそうである。

　あるとき上田が、劇団「態変」の主宰者・金満里をインタビューする機会を得た。態変は1983年に大阪を拠点に創設されたパフォーマンスグループで、「身体障害者の障害自体を表現力に転じ未踏の美を創り出す」という金の思想にもとづいた作品づくりを行っている。欧州では「これまでのダンスの枠組みを大きく捉え返す必要のある表現に出合った」などの評価を受けており、海外での招聘公演も数多い。金は3歳のときポリオにかかって首から下が動かせない重度の身体障害者になり、手術やリハビリを繰り返したものの、そのことに意味を見いだせず「健常者をめざすのではなく障害者として生きていく」と決意して、29歳のときに劇団を設立した。[2]

　インタビューしているときに上田は、「あなたたちは健常者文明のなかで生きている」と金にいわれ、衝撃を受けた。知らず知らずのうちに"あたりまえ"の価値基準を自らのなかにつくりあげ、その基準で一方的に良いと思えることだけをしてきたのではないか。「本来のあるべき社会、本来のあるべき文明とは何かを考え続けるスイッチを金にもらった」と上田はいい、さらに「彼らのことをもっと知りたい、理解したい、それは私がよりよく生きるために必要だ」と考え、自らの仕事を問い直すようになる。

デザインと福祉に共通するもの

　障害者と関わる仕事をしていたとはいえ、当時は断続的なイベントがほとんどだった。その頃は支援費制度や障害者自立支援法の制定が検討されるなど、障害者を取り巻く環境が大きく変わろうとしていた時期である。支援費制度とは 2003 年 4 月にスタートした制度で、障害者が自分の利用する福祉サービスを選んでそれを提供する事業者と契約を結ぶというもので、自己選択と自己決定を前提にしていた。障害者自立支援法は 2006 年 10 月から本格的に施行された法律で、就労支援が強化されたことにひとつの特徴がある。一見すると障害者一人ひとりの意思が尊重されるように感じられるが、多様な選択肢から何かを選ぶ経験や自分の気持ちを他者に受け止めてもらう経験が少ないと、自分の意思を明確に伝えることはむずかしく、制度は絵に描いた餅になってしまうだろう。

　そこで上田は安心して意思表示のできる場をつくりたいと考え、2004 年 4 月に「アートセンター画楽」をオープンした。場所は JR 高知駅から南東へ歩いて約 10 分、3 階建てのビル「はりまや楽舎」1 階で、オープン当初は障害のある成人および児童の居場所づくりとしてスタートした。児童の居場所については当時、障害児に対する一環したサービスがなく、全国的にみても先駆的な取り組みだったという。その後、2006 年 10 月から地域活動支援センターと児童デイサービス、2010 年 11 月からは児童デイサービスを放課後等デイサービスにと、変化する制度を支援の目的や内容にあてはめて適用し、現在では地域活動支援センター II 型の「アートセンター画楽」と就労継続支援 B 型事業所「おしごと画楽」の 2 つを、開所時間をずらしながら運営している（木曜と日曜は休館）。それぞれに 10 〜 60 代の男女約 15 人が通ってくる。

　ファクトリー創業時の基本理念は「愉快製造工場」で、人が愉快になれるような仕組みを構築することもデザインであるという考えにもとづき、福祉事業にも参画した。現在は「企画事業部」と「ケア事業部」の 2 つを柱とし、ケア事業部のなかで高齢者の認知症グループホームやデイサービス事業の運営、画楽の運営などを行っている。

写真4-5：はりまや楽舎外観

写真4-6：アートセンター画楽の入口

「なぜデザイン事務所が福祉サービスを？」と質問されることも多いそうだが、デザインと福祉の根底にあるものは同じで、クライアントや利用者がどのような問題を抱えているのか、どんな要望をもっているのかを探り、引き出し、整理して、相手に喜んでもらえるカタチでアウトプットする、この一連のプロセスで必要なスキルは同じなのだという。行政からの依頼で、災害発生時にどのような情報提供や支援を必要とするのか、障害者から要望を出してもらうワークショップを実施し、防災計画策定の支援に携わったこともある。これは、1998年9月下旬に高知県の中部一帯が集中豪雨に見舞われた際、情報を入手できずに避難できなかった聴覚障害者がいたことの反省をふまえたものだそうだ。情報を必要としている人に、どのように正確かつ迅速に情報を届けるのかを考えることは、いのちを守るデザインだといえるだろう。

労働は価値創造があってこそ

　おしごと画楽での仕事の内容は、クラフト・アート・畑と大きく３つに分かれており、利用者が個々にスタッフと相談しながら、やるべき仕事を決めていく。たとえばクラフトには、画楽のヒット商品「おみくじだるま」の制作がある。だるまは小指の先端ほどの大きさで、顔には「大吉」「吉」「末吉」など全６種類の文字が書かれていて、さらに100個に１個の割合で「ラッキースペシャルダルマ」もある。起き上がりこぼしになっているだるまを数十個、「ガチャガチャ」（硬貨を入れてレバーを回すと商品がひとつ出てくるもの）に入れて、飲食店などに設置してもらったところ好評で、継続的に作り続けている。だるまの型に和紙を貼ったり、色を塗ったり、文字を書いたりと、一つひとつ手作りで繰り返しの多い作業になる。利用者のなかには繰り返しが得意な人がいるために、こうした生産システムも編み出された。

　クラフトはおみくじだるま以外にもさまざまなメニューを用意している。理由をたずねると「利用者には“マイブーム”があり、何かひとつのことに熱中していても、ある日突然なんの興味も示さなくなってしまうことがある。そんなとき、他のメニューを示して興味をもてるよう働きかける必要があるから」だという。

　工賃はそれぞれ違う設定をしており、クラフトと畑の仕事は１日あたり1,500円、アートは550円である。このように設定したのは、「20日働いたら３万円、障害年金の６万円と合わせると１カ月あたり約９万円になるので、なんとか自活できるだろうと考えた。もちろん、もっと収入の多くなる人もいる。アートの工賃を低くしたのは、作品が売れるかどうかがわからないから」とのこと。さらに上田は、「工賃が低くてもアートが好きな利用者はアートをやりたがる。好きだからやりたいという気持ちを大事にしないといけない」と話す。原画そのものが売れることもあれば、原画をもとにデザインしたＴシャツやカバン、文房具などの商品が売れることもある。描いた本人には著作権料を支払っており、年間数百円から多いときは約20万円になるそうだ。

写真4-7：画楽でつくられた商品

　内田貴裕は小学生だった 2004 年から画楽に通っており、数年前から画
楽スタッフの提案でウィスキーやリキュールのボトルを描くようになった。
2017 年 6 月に、空き瓶を提供してくれる近隣のウォルトンバーに併設さ
れたギャラリーで個展を開催すると、迷いなく描かれた線と塗り重ねられ
た色に豊かな味わいがあると好評を得た。成功を祝って中華料理を食べに
行った際、上田が「タカの好きなことは？」と質問すると、すかさず「個
展！」との返答があった。発語が少なく日頃はコミュニケーションをとる
のがむずかしいこともあるのだが、個展は本人にとって大きな成功体験と
して記憶されたようだ。2019 年秋には 2 人展が開催されるなど、定期的
に出展の機会を設けて、本人の「好き」「描きたい」という気持ちが持続
するように工夫している。

　アート活動は支援のための補助的ツールとしても捉えられている。なぜ
なら、絵を描くことや粘土での造形は本人のやりたいことであれば楽し
い・うれしいと感じている状態なので、そのときにこそ本人のいいところ
が発見できて、どういう仕事をすればいいかを考えられるからである。そ

写真4-8：画楽でつくられた商品

うした考えから、たとえば粘土で精密な恐竜をつくる利用者は子ども対象の粘土ワークショップを開催して講師を務める、あいづちを打つ名人は近隣の高齢者施設を週一回訪問して話をしながら一緒にちぎり絵をつくるなど、既存の仕事に合わせるのではなく一人ひとりの個性や特技を活かす仕事を創り出していった。こうした仕事は本人が喜んで取り組んでいるので"快"の感情が自ずと相手に伝わり、お互いが"快"を感じて心が豊かになれば、それは価値の創造であり、自分だけでなく相手に喜んでもらうことが労働の基本ではないかと画楽では考えられている。

支援とは何か

　こうした考えにたどりつく前に、一人ひとりとの関わり方に対して考えさせられる出来事があった。10年以上前から画楽に通っている利用者のSは、紙を見ると次々に破ってしまい、上田もスタッフもどう対応すればいいか悩んでいた。問題行動ばかりすると思っていたSだが、あるとき色に

写真4-9：画楽でつくられた商品
（左下はおみくじだるまの入ったガチャガチャ）

対する感覚がすぐれていることに気づき、オリジナルの100色クレヨンをつくることをあるスタッフが提案した。既製のクレヨンを細かく削って、Sに自由に配合して混ぜてもらい、それをチューブに入れて冷やし固めるという作業を根気よく繰り返し、世界にひとつだけの100色クレヨンが完成した。それを展覧会で展示したところ大好評で、Sも喜んだという。そして、紙を破くという行為が激減したのである。

　Sの強みを活かし、クレヨンというカタチでアウトプットし、多くの人に評価してもらえたことによってSとの信頼関係ができた。「ここまできてようやく次のステップに進めるのだということをSから教えてもらった」と上田はいい、「お金を稼ぐのは大切だが、それだけを優先させると、苦手なことや嫌なことを強制してしまう。利用者にそんなことはさせたくないし、自分自身の仕事にもしたくない」とも話す。

　画楽では「女中ケアをしない」ことも心がけている。女中ケアとは、その人ができないことをよかれと思って代わりにしてしまうことである。たとえばある人が水を飲もうとしてどうしていいかわからず困っているとき、コップに水を入れて差し出すと女中ケアになってしまうため、まず相手がどの段階で何ができないのかを探り出すことを行う。具体的な作業としては、どこに自分のコップがあるのかがわからないのか、食器棚からコップ

を取り出すことができないのか、水道の蛇口をひねることができないのかなど、水を飲むための行動を細かく分解して見きわめていくことになる。一部分のできないことのために、相手のできることすべてを奪い取ってしまうと真の支援にはなりえない。一人ひとりの「できる」を見きわめ、一部分のできないことだけをサポートすることによって本人の経験値を豊かにすることを重視しているのである。

　そうした考えから、画楽では送迎サービスを行っていないし、画楽の部屋の一角には「おやつコーナー」を設けている。公共交通機関を利用できるようになることや、自分で食べたいお菓子を選んでお金を支払うことも社会経験のひとつであり、「〜ができた」という経験を日常生活のなかで積み重ねてくことが重要だという。じつはここ数年、通学時におけるトラブルを回避しようとするためか、特別支援学校に通う障害児たちの多くは送迎バスを利用し、公共交通機関の利用や近隣店舗での買い物などの経験をしていないことが多い。アート活動のみならず、一人ひとりが自分自身の「生きる」ということを全うできるよう、画楽では多面的な支援に取り組んでいる。

愉快な交流がひらく可能性

　上田が障害者の表現活動に深く関わるようになったのは、仕事ではなく友人との交流によるところが大きい。ヨタロウという脳性まひの友人がいて、高知市内のデパートで清掃の仕事のかたわら、詩を書いていた。彼は家庭での養育が困難だという理由で、幼い頃から児童入所施設に預けられて育った。施設入所は本人の意思ではなかったため、いろいろな思いを内に抱え込んでいたのだろう。家族から離れて暮らす体験から感じたことや考えたことを詩に託し、それを発表するためストリートミュージシャンのように路上で詩の朗読パフォーマンスを行っていた。足元に空き缶を置いて投げ銭を期待したが、構音障害のために彼の言葉は聞き取りにくく、足を止めてくれる人すらいなかった。「ヨタロウはこれまでの経験を昇華さ

せて詩を書いている。彼の感性と思考から生まれた言葉をなんとか伝えたい」と上田は考え、「一緒に世界征服作戦をやろう」と提案した。その作戦とは、ヨタロウが書いた詩を上田がデザインして絵ハガキにし、1枚あたり10円で印刷し、ヨタロウが100円で売り、上がった利益で新たな絵ハガキをデザインして印刷するという循環の仕組みづくりである。これを続けていけば絵ハガキが多くの人に届いて、いずれは世界中の人のもとへ届くだろうという、なんとも気の遠くなるアイデアだが、アウトプットの方法を変えるだけで確実に伝わると考えて実行し、2人の友情は深まっていった。

　絵ハガキの制作と販売を地道に続けているうちに、ヨタロウが自作の詩を「わたぼうし語り部コンクール」に応募し、見事に入選を果たした。このコンクールは奈良に拠点をおく財団法人たんぽぽの家が主催していたもので、1992年から2002年まで計10回実施された。入選者はかつて東京にあった銀座セゾン劇場で行われる最終コンクールに出場しなくてはならないため、付き添い人として上田が同行することになった。ヨタロウは人生初の飛行機に乗り、ずっと行きたいと思っていた後楽園ゆうえんち（現・東京ドームシティアトラクションズ）にも行って、生まれてはじめてジェットコースターに乗るなど、思い出深い旅行となった。

　上田にとっても記念すべき出会いとなった東京での出来事がある。たんぽぽの家は1995年からエイブルアート・ムーブメントを提唱し、トヨタ自動車株式会社の協力を得て、「トヨタ・エイブルアート・フォーラム」を全国展開している時期だった。「エイブルアート」とは可能性の芸術を意味し、「エイブルアート・ムーブメント」とは障害者の芸術活動を福祉やリハビリの一手段として捉えるのではなく、生のエネルギーに満ちた人間性を恢復させる新しい芸術と捉えて発展させていこうという市民芸術運動である。この運動に共感したトヨタ自動車株式会社は、芸術文化支援活動（メセナ活動）の一環として、全国的なネットワークを構築することも視野に入れてフォーラムを開催していた。そこで上田が「ぜひ高知でも」と打診したところスムーズに事が運んで、2002年2月3日に高知市で同フォー

ラムが開催された。高知開催を望んだのは、全国で同じような志や思いを
もって活動している仲間の存在を知り、その熱気を高知に伝えたいと考え
たからであり、アートセンター画楽の開設に意義を見いだす好機となった。
また、このときに築いたネットワークは画楽にとって貴重な財産となって
いる。

　これらのことを振り返って上田は、「障害のある人に何かをしてあげた
というつもりはなく、楽しく付き合っていくうちに僕自身の人生をひらい
てもらった、可能性を広げてもらったという気持ちが強い」と話す。自ら
の価値観に固執せず、大変だと感じるような事態もその原因や本質を探ろ
うとすることによって、愉快な出来事に変化させうるということを、画楽
の取り組みは示唆している。

4 一人ひとりの個性を発酵させる仕事
ぬか つくるとこ（岡山県都窪郡）[3]

成功も失敗もできる場所をめざして

　岡山県都窪郡早島町にある生活介護事業所（通所型の福祉事業所）「ぬか
つくるとこ（以下、ぬか）」は、築100年以上の古民家と蔵を改修して2013
年12月にオープンした。運営は株式会社ぬか、代表を務める中野厚志は
岡山県内の障害者支援施設に約15年勤務した経験があり、絵画教室など
に関わるうちに自分で施設運営をやってみたくなり、独立を決めたという。
スタッフにはデザインや陶芸、看護師、農業に携わっていた人など多彩な
人々が集まった。なかには20年以上飲食店で働いていた男性もおり、毎
日のランチやイベントなどで腕をふるっている。和洋中、ときにはハワイ
アンやアフリカンもあるバリエーション豊かな料理は利用者に好評で、地
域の人からケータリングを依頼されることもある。

　事業所となっている古民家と蔵はしばらく空き家になっていたが、物件

を所有している人の祖父母がかつて、刑務所から出てきた人たちの更生施設を運営していたこともあり、中野がここで福祉施設を開設したいと相談したとき、快く了承してくれたそうだ。

ユニークな事業所名は糠床が由来になっている。糠は玄米を白米へ精白する過程で不要とみなされ捨てられてしまいがちだが、実際は油分が多くて栄養価も非常に高く、手間暇と時間をかけて発酵させることによっておいしい漬物を漬ける糠床になる。そんな糠床のように、一般的には必要とされない部分が実は有益であることを発信しよう、利用者の個性を手間暇かけて見いだし発信していける事業所になりたいという思いから「ぬか」と名づけた。さらに、さまざまな人や地域、社会との関係をつくっていきたいという意味を込めて「つくるとこ」を付け加えた。また、利用者を「ぬかびとさん」、ぬかを訪れたり関わったりしてくれる人を「まぜびとさん」と呼ぶ。おいしいぬか漬けをつくるには、糠床を毎日かき混ぜて新鮮な空気を入れる必要があるように、ぬかも多くのまぜびとさんが来てくれるよう努めている。利用者であるぬかびとさんは自閉症や統合失調症、ダウン症など比較的重度の障害をもつ人たち約50人で、年齢も18歳から65歳までと幅広く、火曜日から土曜日の9：00～15：30の時間帯のうち自分の好きな時間に通うことができる（1日の利用定員は20人）。

既存の福祉からの脱却をめざして

中野は大学を卒業した1998年、岡山県内の社会福祉法人に就職し、障害者支援の仕事に携わった。自身は芸術を専門に学んだわけではなかったが、日中プログラムのなかに絵画制作があり、利用者の描く絵に魅了されていった。当時は福祉施設が主催する展覧会が各地で盛んに開かれるようになった頃だったが、福祉を前面に出し感動を強いるような展覧会に違和感を覚え、同じような思いを抱いていた同僚の若手職員や他の施設職員ら有志で「いい作品をいい場所でみてほしい」と展覧会を企画した。業務としてではなくそれぞれが個人の立場で参画し、2001年に岡山県内で「屯

写真4-10：ぬか外観

展」を開催したのを皮切りに、2004 年には京都市中京区でも「屯展」を、
2005 年には早島町で「早島銀座展」を開催するなど、アート活動を通し
て利用者と接することの面白さに魅了されていくようになる。2007 年に
は中野の勤務する社会福祉法人が新たに通所施設を開設し、そこで働くこ
とになった中野は日中プログラムにアート活動を採り入れた。翌年には
NPO 法人ハート・アート・おかやま（現・NPO 法人ハートアートリンク）主
催の「アートリンク・プロジェクト」[4]に通所施設の仕事として参加し、プ
ロジェクトにアーティストとして参加していた現スタッフの岡本永と丹正
和臣に出会う。岡本は芸術大学出身で卒業後は備前焼の窯元に就職し、や
がて窯元で行っていた陶芸教室を任されるようになり、そこへ福祉施設の
利用者が作陶のためにやって来た。ユニークな陶芸作品を創り出す障害者
もいて、自分が大学や窯元で教えられてきたものとまったく違う作り方や
作品に感動し、窯元を辞めて福祉現場に関わるようになり、アートリンク
にも参加するようになった。丹正は美術大学を卒業後、アーティストとし
て活動するなかでアートリンクに参加するとともに、福祉施設で美術講師

写真4-11：ぬかでの日常のひとコマ　　　　　　（提供 ぬか）

を務めるなどしていた。障害者のこだわりや癖に対する周囲の人々の見方や感じ方を変化させる試みとして、「クセの展覧会」を施設で企画している。そのとき、利用者の家族から「うちの子の癖か

ら、人前に出せる作品が生まれるのは意外だ」といわれ、自分なりの視点や、作品としてアウトプットするためのスキルが役に立つなら、福祉施設で働くことも面白いかもしれないと考えるようになったという。

　アートリンクをきっかけに中野と岡本、丹正の交流がはじまったものの、中野は職場での環境変化に直面することになる。勤続年数が長くなると管理職に就かざるを得ず、利用者と接する時間が短くなり、多忙のあまり自分のやりたいことすらわからなくなってしまった。そこで2011年に「自分たちの施設をつくる」と決意して社会福祉法人を退職し、約1年間かけて施設開設の準備を進めていった。

　準備のなかには、アート活動に取り組んでいる先駆的施設の見学も含まれ、アトリエコーナス（大阪市）、工房まる（福岡市）、しょうぶ学園（鹿児島市）などを訪問しながら話し合いを重ね、自分たちのめざす施設のイメージが固まったのは2013年5月だという。そして中野や岡本、丹正ら設立メンバー6人は毎夜集まってコンセプトや事業所名などに関して議論し、8月8日に株式会社ぬか設立にこぎつけた。株式会社にしたのはNPO法人よりも認可が速く下りること、8月8日にこだわったのは「末広がり」を願ってのことだ。さらに事業所を設置するための物件探し、岡山県への福祉施設開設の認可申請、会社創業の補助金申請などの作業を6人で分担して進めていった。中野たちが年内オープンをめざし奔走していると、岡

山県県民局から「間に合うかどうかわからないから、年内はあきらめて来年オープンにしてはどうか」との助言もあったそうだ。しかし中野たちは「やりたいと思ったことをスピーディにやる」ことも大切だと考え、がむしゃらに走り続けて2013年12月10日に開所することができた。オープン当時は職員6人に対し利用者1人という状態だったが、いまでは利用者は約50人に増加している。

視点を変えて仕事を創出

日々の活動は「好きなときに好きなことをする」を大切にしており、決まったプログラムはない。スタッフは常にぬかびとさんの行動に気を配り、気づいたことは「いとをかし」という日誌に記録している。日誌によってそれぞれの気づきや情報を共有するとともに、「アイデアラッシュ」と呼ぶ会議を不定期で開催することで、ぬかびとさんの魅力や個性を新たな仕事へつなげるワークショップなどを創出し、「コニコニの森」（岡山市南区のサウスヴィレッジで年2回開催）や「UNOICHI ～海がみえる港のマルシェ～」（岡山県玉野市の宇野港で開催）など、各地のイベントに出店している。

創出した仕事には、月に30冊以上も本を読むという読書家の戸田雅夫が営む「とだのま」、仮面ライダーにあこがれボール紙で変身ベルトを創ることが大好きな上木戸恒太主宰の「上木戸工作室」、新聞をちぎることが好きな小池佑弥が主として居座る「コイケノオイケ」、人が大好きで自作のプラバン（プラスチックの板に絵を描き、加熱し

写真4-12：「とだのま」の様子　　　　　　　　（提供 ぬか）

て加工したもの）の指輪やネックレスをプレゼントしたい男性が営む「しょうへいくんのプラバン工場」などがある。ぬかびとさん一人ひとりのこだわりや魅力を活かして生み出したものに対価を得ることで、その人にしかできない仕事をつくろうとスタッフ全員で考え出した。たとえば、「とだのま」では"とだみくじ"と名づけたおみくじを1枚200円で販売する。このおみくじには「大吉」や「凶」ではなく、戸田が日常生活で抱いた違和感や気づきなどの言葉が直筆で書かれている。「愛は小さな宗教である」「バランスをくずさねば歩み出せない」「貨幣で考えると文化は貧しくなる」「戦争が殺し合いじゃなく殺し文句の言い合いだったらいいのに」などの味わい深い言葉が書かれ、これまでに約500枚が人々の手に渡った。「上木戸工作室」では参加者が自由にオリジナル変身グッズを創ることができ、子どもたちに大人気である。「コイケノオイケ」は小池がちぎった大量の新聞によって埋め尽くされた空間を用意し、参加者はその空間で自由に遊べる。ちぎった新聞で埋め尽くされた非日常の空間は子どもたちに大好評だという。「しょうへいくんのプラバン工場」は参加費300円を払うと誰でも参加でき、自分で自由にプラバンを作ることができる。プラバンとは、プラスチックの板に好きな絵を描いたり色を塗ったりしたあと、オーブントースターで焼いて成形するものだ。ときには工場長しょうへいくんからのプレゼントもあり、女性へのプレゼントには「デートしよう」「結婚してください」など、ちょっとした下心つきのメッセージが添えられることもあるそうだ。

　施設を出て外部との接点をつくっていくことによって、ぬかびとさんにも変化が表れるようになった。たとえば「コイケノオイケ」を終えた打ち上げの席で、乾杯のあいさつを小池に依頼すると、ジュースの入ったコップをもって立ち上がり、何かの言葉を発した。発語がむずかしいために聞き取れなかったものの、「この場は自分が主役だ」ということを理解しての行動だったのではないかと考えられる。新聞をひたすらちぎるという行為は、他の施設では問題行動としてしか捉えられないだろうが、そうした捉え方を転換することによって、行為だけでなく本人に対する見方が変わ

写真4-13：コニコニの森への出店風景

り、本人自身も「ここでは受け入れられている」と感じられることが重要なのだ。中野は「"働く"という価値観は、いわゆる健常とされている人が作り上げているものでしかない」「存在自体がその人の仕事というものも、きっとあると思う」といい、「ぬかではその人にしかできないことを仕事にしていきたい」と話す。

スタッフも仕事を楽しめる施設に

いまでは日々の活動を楽しんでいるぬかびとさんだが、以前所属していた施設でバーンアウトしたために、ぬかへ来た人もいるという。まかされた仕事を完璧にこなそうとがんばりすぎたり、周囲との関係に疲れてしまったりと理由はさまざまだが、一人ひとりの状態をていねいに見ていくことがスタッフには求められる。そのためには、スタッフ自身も仕事を楽しめていることが重要だろう。

日常を楽しめるよう施設内でのイベントも多く実施しており、七夕の

日を迎えるために1週間を演劇で盛り上げる「ドラマチック・ウィーク」、何が流れてくるかわからない「世にも絶妙なそうめん流し」、その年の干支にちなんだ「鳥人間コンテスト」、毎年12月の周年記念イベント「ぬかよろこび」、音楽のライブイベント「ぬかばこ」など、思いついたことを次々に具現化していく。

　中野は大規模な社会福祉法人で働いていた自身の経験を振り返り、「自分たちのアイデアを具現化していく際に稟議書の要らないことがいちばんいい」という。たとえば、上木戸のために変身ベルトのキット用に数万円をかけて金型を作ったことについて、「一般的には無駄だと思われるようなことに支出しても、そこに意味があると思えるスタッフが集まっていることがうれしい」とも話す。日々、ぬかびとさんに寄り添いながら一人ひとりのこだわりを見いだし、新たな仕事へと展開させていくエネルギーは相当なものだろうが、ゼロの状態からアイデアを具現化させていくプロセスは創造性が試され、スタッフがそれぞれのスキルを発揮できる機会であるため、楽しんで取り組めるのだと考えられる。

　「ぬかを開設してから、福祉分野以外の人とつながりができて、いろいろなところから声をかけてもらっているのは、ぬかびとさんのおかげ」だと中野はいう。もともとアート活動に魅了されて独立を決意し、仲間とともに施設をつくったが、現在では「創作としてのアート活動はしてもしなくてもいいと思っていて、あくまで日々を楽しくしていくための媒体のひとつとして捉えている」というように考えが変化した。それは「アート活動」という枠にあてはめようとすることで、一人ひとりのやりたいことが見えなくなってしまうのではという懸念があるからだ。ぬかびとさんのやりたいことや面白さが核としてあって、それを見いだすスタッフの側にアート的視点（既存の価値観にしばられない視点）があり、さらに社会につないでいくためにアートやデザインのスキルを発揮することが重要なのだといえよう。

子どもにも必要な居場所

　2018年3月下旬、ぬかから歩いて15分ほどの場所に6〜18歳を対象にした「アトリエ ぬかごっこ」が開設された。自分の好きなことを思う存分にできる場所で、絵を描く、粘土に触れる、楽器を演奏する、何もしないでぼーっとするなど、自由に過ごすことができる。

　このアトリエに小学生の息子Bを通わせているAは以前からぬかのファンで、アトリエができたことをとても喜んでいる。Aは岡山にある社会福祉施設での勤務経験があり、そのときに「利用者」と「支援者」という立場の隔たりに対し違和感があったのだが、ぬかのイベントに参加したときそういう隔たりを感じることがなく、ファンになったそうだ。その後、雑誌『コトノネ』を発行している株式会社はたらくよろこびデザイン室が企画した「コトノネ観光課：ぬかつくるとこ編」[5]にも参加するなど、さまざまなイベントへ積極的に出かけ、誰もが自由に行き交えるオープンな雰囲気の心地よさにますます惹かれたという。一般の施設や学校にはルールがあって、利用者や生徒にはそのルールに合わせていくことが求められるが、ぬかにはそういうルールがまったくなく、支援する側／される側という立場もあいまいなところが魅力だと話してくれた。

　Aは息子Bの教育に関して悩んだ時期もあったという。Bは自宅近くの幼稚園に通っていたが、年少のときに勧められて検査を受けたところ発達障害と診断された[6]。それを幼稚園側に伝えそのまま通い続けていたのだが、Bが年中（4歳）のときに「幼稚園のなかでオレがいちばんできていない」と発言したのを聞いたAは、幼い子どもが自分を否定的に捉えるような対応ってなんだろう、全能感にあふれている時期は何にでも興味をもってチャレンジすることが大事ではないだろうかと考え、年長になる年に「森のようちえん」[7]へ移った。やがて小学校をどこにするかと考え、サドベリースクール[8]が岡山にはなかったため、近隣の小学校へ通いながら子どもがのびのび過ごせる場所を見つけようと思っていたところ、「アトリエ ぬかごっこ」が開設されることを知って一番に申し込んだという。現在、Bは地域の小学校との付き合い方を模索しながら、ぬかごっこにも楽しく通っ

ている。ぬかごっこでBは、自分の頭のなかにある世界を毎回大放出して武将ごっこをしたり、ヒーローの街をつくったり、銀行をつくってお金を量産したりしている。スタッフが自分の世界を一緒に楽しんだり広げたりしてくれるのが、とても楽しいそうだ。

　「ぬかびとさんの面白いところ」「その人にしかできないこと」を突き詰めて新たな仕事にしていくプロセスは、Aから見れば「スタッフもインスピレーションを受けている」し、「対等というか、サポートし合ってる感じがする」そうだ。ぬかのスタッフにとっても、障害は当事者が乗り越えるものではなく環境や関係を変えていくことが何よりも大事だという考えを共有しているからこそ、チャレンジが継続できているのだろう。

5 仕事とは人や社会に対して働きかけること
スウィング（京都市）[9)]

"まとも"からの解放

　京都市北区の上賀茂神社の近く、以前は学習塾だった2階建ての建物に生活介護事業所「スウィング」はある。運営しているのはNPO法人スウィングで、理事長を務める木ノ戸昌幸が2006年4月に開設した。当初は無認可作業所としてスタートし、2009年10月から生活介護事業所および就労継続支援B型事業所となり、2019年4月から生活介護事業所に統合した。

　スウィングの利用者は26人（2019年3月時点）、スタッフ9人を合わせた全員がNPO法人の「活動会員」となっている。活動会員とはスウィングの定款第6条で規定されている会員の一種で、「この法人に所属し、様々な市民活動を主体となって実践する利用者及び職員」とある。支援者／被支援者あるいは健常者／障害者という関係を解体し、社会をよりよくしていくため"ともに"活動する主体者であることを法的に根拠づけるために

規定したのだという。

このことは１章でふれたイタリアの社会的協同組合と同様に、意思決定のための議論と採決への参加を保障するとともに、たんなる雇用創出や訓練事業にとどまらない当事者主権への志向がうかがえる。

さらに定款第３条の目的には、「既存の仕事観や芸術観にとらわれない自由な働きや表現活動を基軸とした事業」を行うとある。生活介護事業所に移行したの

写真4-14：スウィング外観

写真4-15：スウィング案内表示

も、既存の制度にしばられるのでなく、制度を上手に利用しながらできることを増やしていこうと考えたからである。たとえば、いまの社会では「ＡだからＡをしている」というものが多すぎて息苦しさを感じるため、「ＡなのにＢをしたりＣをしたり」というように、仕事や活動の幅を広げていくことをめざしているのだ。

スウィング設立の理由は、木ノ戸自身の経験にもとづくところが大きい。子どもの頃から勉強もスポーツもでき、友人も多く、大人や社会から期待されるほとんどのことを「たまたま」できてしまったがゆえに、優等生でなくなることにおびえ、中学２年生のときには自律神経が乱れて身

写真4-16：スウィング室内

体症状も出はじめたが、誰にも相談できず孤独な日々を過ごした。「学校という絶対的なレールからはみ出してはいけない」という強迫観念から、表面的には普通を装って高校、大学へと進学。20歳の頃、たまたま手に取った新聞の片隅に載っていた「大学生の不登校を考えるシンポジウム」という文字に釘付けになり、「自分だけの問題ではないのか？」と思い参加した。そこで講師の話を聞いて、「こうあるべきまともな姿」にいつのまにか過剰にしばられ、本来の自分を殺し、自分で自分を苦しいほうへと追いやっていたことに気づかされたという。そして「就職はしない」宣言をし、引きこもり支援のNPOに参加したり和太鼓集団「婆沙羅」に関わったりと、しばられ続けた"まとも"からはずれようとさまざまな道を模索しはじめた。あるとき友人から、「障害のある人の仕事についたら毎日笑えるよ」といわれ、その言葉に魅了されて26歳のときに福祉施設の職員として働きはじめる。そこでは笑えることもあったが笑えない状況もたくさんあったため、自分で新しい場所をつくろうと考え、仲間とともに寄付者や会員を募って準備を進め、28歳でスウィングを開設した。

　法人の理念は「Enjoy! Open!! Swing!!!」で、問題が起こっても視点を変えて楽しもうとする姿勢や気概をもつこと（Enjoy）、硬直しがちな組織や人との関係性、弱くてちっぽけな自分をひらくこと（Open）、軸は固定しながらもしなやかに揺れ続け、変わり続けること（Swing）を意味している。

表現の枠を広げる

　スウィングでは仕事を「人や社会に働きかけること」と定義し、対価の有無にとらわれない多様な活動を展開している。たとえば、毎月第3水曜日に全身ブルーの戦隊ヒーローのコスチュームを着て地域の清掃活動を行う「ゴミコロリ」、複雑な京都市営バスの路線をすべて暗記している利用者が観光客に行う京都人力交通案内「アナタの行き先、教えます。」、絵を描く・詩を書くなどの表現活動「オレたちひょうげん族」がある。

　表現活動をはじめたのは、ふとした出来事からだった。スウィングでは菓子箱の組み立て作業やオリジナルのハーブ石鹸の製造を行っていたが、2008年頃はリーマン・ショックによる景気低迷の影響からか、仕事がほとんどなくなってしまった。何もすることがなくなり1日の長い時間をもてあましていたところ、ある利用者が色鉛筆を握りしめ一心不乱に絵を描きはじめた。それを見た他の利用者がマネをして、長机にA4サイズのコピー用紙を置いて、それぞれ自由に描きはじめた。飽きてしまってやめる人もいれば、飽きずに描き続ける人もいる。その様子を見た木ノ戸は、仕事はないし先行き不透明だが、絵を描くことの好きな人がいるなら彼らの仕事にしてしまおうと考え、「オレたちひょうげん族」という名の芸術創作活動が誕生した。詩やコラージュなど表現手法はどんどん広がり、約10年経ったいまでは魅力的なアートグッズが全国各地の店頭に並び、定期的に展覧会を開催するなど、スウィングの名が広く知られる契機にもなった。

　その後、メディアにも取り上げられることが増え、「作品を購入したい」という人も現れた。しかしながら木ノ戸は、「描いた本人でさえ買えないほど高額の値段がつくのは喜ばしいことだろうか？」と自問し、2018年1月に京都で「全部あげちゃう♡」と題する展覧会を実施した。人々の日常生活に作品が入り込んだらうれしいと考えて、実験的に「お金」という概念を排し、展示されている絵や詩をすべてプレゼントするという企画展である。また、年2回発行のフリーペーパー『Swinging』25号を画集のように編集して「ART AGERU!（アート・あげる）」と名づけるなど、作品の評価や価値づけを問い直す試みを続けている。

写真4-17：スウィングで生まれたグッズ

　さらに木ノ戸は、近年の日本の障害者アートへの関心の高まりを冷静に見つめている。なぜなら、「表現されたもの」に優劣がつくことはあるだろうが「表現すること」自体に優劣などないと断言し、「誰かと交わすただのお喋りだってひとつの表現だと考えてみたら、その敷居はグッと下がるし、どれだけしょうもなくてもいいから『これが私の表現！』と言えるものを身につけることは、人ひとりが生きてゆく上で大きな支えになる」（木ノ戸 2019：47-48）と考えるからだ。大切なのは、作品が売れて経済的に豊かになる利用者を輩出することではなく、「アート」や「仕事」の概念を広げていくことではないかともいう。

──── 世間一般の障害者へのイメージに、「純朴」「無垢」「（なんかよくは分からないけど）頑張ってる」などの「キラキラ系」があると思うが、「障害者がアートしてる」というその状況のみでもって、このキラキラ系イメージがさらに強化され、再生産されているように感じることが少なくない。（中略）
　そして僕たちが懸念するのは、障害者アートが隆盛するにつれ、キラキラ

系イメージに上乗せされるように「障害者＝優れた芸術を生み出す人」といった新たなど偏見が顕出しつつあることだ。（中略）少し想像力を働かせれば分かりそうなことだが、「それぞれが違った一人ひとりの人間である」という人類普遍の真実をついつい忘れ、大きなラベルで括ってしまいがちな思考回路は決して他人事ではない。（木ノ戸 2019：128-130）

働くことの目的はひとつではない

　アートに対する疑問だけでなく、仕事に対する疑問から生まれた活動もスウィングにはある。先述した「ゴミコロリ」や「アナタの行き先、教えます。」など、そもそもお金を稼ぐことだけが仕事なのか、お金をより多く得るためだけに人は働かなければならないのかという疑問が出発点となっている。

　福祉の分野では「一般就労」と「福祉的就労」という用語があり、前者は企業や公的機関などに就職し労働契約を結んで働くこと、後者はそのような働き方がむずかしい障害者の就労を意味し、給与面や勤務時間、業務内容などを働く人の希望に沿うようにする半面、最低賃金法が適用されず低水準の賃金になることが多い。そして現行の福祉制度では、福祉的就労に就いている人はなるべく一般就労へ移行するような努力が求められる。「自分で働いて収入を得て、経済的に自立してこそ一人前」という考えが根強く残っているからだろう。

　障害のある人の場合は一般就労と福祉的就労の、どちらかの働き方になる人がほとんどだが、スウィング利用者の四宮大登（しのみやたいと）はフランス料理店でも働いており、両方の仕事をバランスよく組み合わせて充実した日々を送っているという。四宮がスウィングに来たきっかけは、彼の母親が相談に訪れたことだ。ずっとフランス料理店で働き、仕事にやりがいはあったものの話し相手ができず休憩時間は孤独に過ごしていた。そこで、「一般就労では得られないものがあるのでは」と考えた母親がスウィングを訪れ、福祉的就労も体験してみることになったのである。そして四宮はスウィング

へ通うようになり、シュールな詩を書いたり他の利用者と面白い話をしたりして、日々を楽しんでいる。現在ではスウィングで週３日、フランス料理店で週２日働くというペースを確立しており、「ハイブリッド就労」と名づけられた。お金を稼ぐことは大切ではあるが、人によってはそれを最優先にすることによってしんどさを感じることもあるのだ。

――― 社会が掲げる標準に「合わない」人が障害者という括りにカテゴライズされてゆく。そして合わないという烙印を押された人たちが、なぜか再び「合わせる」ことを強いられ、あるいは合わせることを望んでいる。僕には一般就労というものの在り方が、ときとしてこのように歪んで見える。
　対して、手っ取り早くお金を生めない福祉的就労は、効率という一面的な尺度から取り残されたダメな働き方なのだろうか？　ならば就労とは、お金だけを追い求めることなのだろうか？　若年層（15～39歳）の死因第１位が「自殺」という残念すぎるこの国で、障害のある人のみならず「普通に」「企業で」「正社員として」働くことは、もはや当たり前ではない。(木ノ戸 2019：149-150)

　このように、一般就労と福祉的就労を対比して上下に位置づけることに、木ノ戸は疑問を投げかける。スウィングの利用者の約半数はかつて一般就労で働いた経験をもっているが、ほとんどは「継続はむずかしい」との理由により、福祉的就労の場であるスウィングにやって来た。いまは仕事にやりがいを感じ、楽しみ、誰かや社会の役に立っていることを実感できるからこそ、辞めずに継続している。一般就労では得られないもの、NPOならではの非営利の活動によって多様な価値を一人ひとりが実感するには、仕事の幅を広げることが不可欠だといえよう。

失敗する権利の保障
　一般的に障害のある人の場合、家族との同居またはグループホームでの

居住という二択が多いのだが、スウィングの利用者は家族との同居でない
ときは一人暮らしを選択している。グループホームは共同生活になるため、
合わない人が多いからだという。アパートを借りる際の保証人をスウィン
グが務め、社会福祉協議会など地域のネットワークも駆使しながら少しず
つ一人暮らしの環境を整えていった。幸い、京都にはヘルパー派遣のサー
ビス事業所が多く、起床してから出勤するまでの身支度30分のためだけ
でもヘルパーは来てくれるそうだ。てんかんを抱える利用者は、毎晩自分
で大家さんに電話をかけ発作が起きていないことを知らせるなど、大家さ
んの理解もあって実現できている。

　このように一人ひとりが自らの生活の主体になっていくことが何よりも
大切だとスウィングでは考えている。そのために、先回りして問題が起こ
らないようにするのではなく、問題が起きてから一緒に解決の方法を探っ
ていこうとする姿勢がある。たとえばある日の昼休み、利用者の一人がス
マホを充電しようとしたら、他の利用者から「アカン！」「ダメ！」と注
意された。それを知った木ノ戸は、「職場ですべきことではない」という
一見まともものように感じられる意見にショックを受け、「良いか悪いかは
スウィング中のコンセントが充電器で埋め尽くされたときに考えればいい。
問題になる前から問題視するのは良くないのではないか」と話した。

　普通や常識、「〜すべき」「〜せねば」など、いつのまにか見えないもの
にしばられ、生きづらくなってはいないか。「人間はちゃんと失敗するよ
うにできている」と木ノ戸はいい、過剰な自己規制を解除して、失敗した
ときには「ナイス、失敗！」といえる寛容さや余白を目の前の景色に増や
していきたいとも話す。それが生きづらさをゆるめ、一人ひとりが安心し
て自己を表現できる社会への確かな道筋なのだろう。

6 | 文化基盤型社会的企業と well-being

　これまでに紹介した福祉施設は、それぞれ独自のスタイルで活動を展開しているものの、代表者自身が直面した問いや課題を解決しようと行動し施設を創り出したこと、多様な人々が相互に承認しあうような関係を築いて社会的価値を生み出す"労働"を実現させていることに共通点がある。さらに多様な実践を通じて、"障害者"として否定的にみられてきた利用者たちのアイデンティティを肯定的なものへと反転させる可能性を高めるとともに、周囲の人々の価値観を転換して生きづらさをゆるめていく契機にもなっている。これらのことは、かつてフランスで、社会的排除を他人事ではなく自分にも起こりえる問題として捉えるようになったことや、社会連帯経済という対抗モデルを生み出していったことにも通じるだろう。

　社会的排除を克服するための障害者の表現活動の支援とは、これらの取り組みが示唆するように、すぐれた作品を生み出すことを目的とするアート活動の支援のみではなく、一人ひとりの存在の肯定につながっていくような表現を支援すること、つまり1章でふれたチャールズ・テイラーのいうように、多様な表現を広く言語として捉え相互に対話できる環境をつくっていくことがその一歩となるのではないだろうか。

　繰り返しになるが、社会的排除の克服には一人ひとりの状況に合わせた多面的な支援策の展開が望まれるため、従来の福祉 welfare にみられるような国家ないし政府が最低限の生活水準を規定して公的支援を行うだけではなく、人間をよりよい生を生きようとする well-being 主体だと位置づけて多様な選択肢を保障するとともに、セルフエスティームをはぐくむことが重要だと考えられる。そのためには、市場経済ではなく社会連帯経済への転換という選択肢を視野に入れて、労働観および障害観などの既存の価値観を転換していくことも不可欠である。本章で取り上げた福祉施設は、しなやかでユニークな活動を展開しながらさまざまな人々を巻き込み、既

存の価値観や規範を変えて生きづらさをゆるめていく社会へと向かおう
とする、すなわちイノベーション（革新）をもたらす社会的企業なのだと
考えられる。さらに、2章でふれたイギリスの文化的多様性の議論のよう
に、表現活動をベースにしていることをふまえると"文化基盤型社会的企
業"と位置づけられる。このような福祉施設の実践が広がっていくことこ
そ、well-being を具現化していく道程なのだといえよう。

注

1) 鈴木の発言は『illustration』№ 224 の p.82 から引用した。
2) 日経電子版 2014 年 11 月 23 日記事より。
   https://style.nikkei.com/article/DGXMZO79904080Z11C14A1TY5000
3) この節の記述は soar コラム「この人の"面白いところ"ってどこだろう？　それが仕事づくり
   の原点。アートを活かした障害者向け生活介護事業所『ぬか つくるとこ』」（武末明子筆）も参
   照した。
   https://soar-world.com/2017/11/01/nuca/
4) 障害者とアーティストが 1 対 1 のペアになり、半年間お互いの感性や創造性を刺激しながら共
   同制作をするもの。2004 年からプロジェクトを開始し、主催者の NPO 法人ハート・アート・
   おかやまは 2015 年に NPO 法人ハートアートリンクと改称した。
5) 雑誌『コトノネ』は全国の障害者施設や就労支援施設の経営改革に関するさまざまな提案を行
   うことを目的に、2012 年 1 月に創刊された。「コトノネ観光課」は全国の福祉施設や生活困窮
   者支援の NPO など、観光地として訪れることのない現場を観光地に見立てて記事にする企画
   である。
6) 発達障害は早期発見・早期支援が必要だという考えから、子どもたちに検査を勧めるケースが
   広がっている。それによって各地の特別支援学校では生徒数が増加の一途にあり、「発達障害バ
   ブル」という言葉まで生み出された。特別支援学校は通学途中でのトラブルを避けるためか、
   送迎バスを用意している。そのため子どもたちは自宅と学校をバスに乗って往復するだけで、
   社会との接点がほとんどないまま学童期を過ごし、卒業するとほとんどが社会福祉施設に通う
   こととなる。残念ながら社会との分断が進んでいるのである。
7) 自然体験活動を基軸にした子育て・保育、乳児・幼少期教育の総称であり、全国にネットワー
   クが広がっている。ちなみに、「森」とは森そのものだけでなく、海や川や野山、里山、畑、都
   市公園など、広義にとらえた自然体験のフィールドすべてを指す。また、「ようちえん」には保
   育園、託児所、学童保育、自主保育、自然学校、育児サークル、子育てサロン・ひろばなども
   含まれ、そこに通う 0 歳から 7 歳ぐらいまでの乳児・幼少期の子どもたちを対象にしている。
8) 一人ひとりの個性を尊重し、「人は本当にやりたい、必要だと感じたときにいちばんよく学ぶ」
   という考えにもとづく教育を実践している学校。
9) この節の記述は BAMP №. 176「息するだけで仕事になる？ 型破り NPO が僕らの『常識』を揺
   さぶる」（すずきあつお筆）も参照した。
   https://bamp.media/column/suzuki10.html

第 5 章

誰もが承認を得られる包摂型社会を

本章では、アンリミテッドが構想された背景をさらに深く考察するとともに、社会的包摂の具現化をめざす取り組みが求められるようになった国際的動向のなかで、日本は今後どのような取り組みを行うべきかを検討していく。

1　アンリミテッドが構想された背景と今後

　2章で取り上げたアンリミテッドが構想された背景を、もう少し大きな視野で捉えると次のような動向がみえてくる。

　2006年12月に第61回国連総会において、障害者権利条約が採択された。イギリスは2009年6月に同条約を批准し、2010年10月に平等法を制定した。同法制定に先立って、アーツ・カウンシル・イングランド（ACE）が2010年3月に *Disability Equality Scheme 2010-13* を発表している。これは2010年から2013年にかけて障害の平等に向けて取り組むべき事業の計画書で、このなかにアンリミテッドも含まれている。つまり、障害の平等に向けて取り組むべき事業は多様にあり、アンリミテッドはそのひとつに過ぎないということである。

　この計画書の7ページから8ページにかけて「障害のアートの定義」があり、「障害のアートは、障害者の生きた経験を探求して伝える特定のジャンルの仕事である。（中略）多くの人が想定しているような、障害者が作成した作品ではない。障害のアートはアートである」としている。さらに、9ページの「障害者の多様性」についての項目では以下のような記述がある。

──── 障害者は多様である。彼らはけっして「障害者」ではない。彼らは女性と男性であり、黒人と少数民族の出身であり、レズビアン、ゲイ、バイセク

シュアル、トランスジェンダーである。彼らは高齢者、子ども、若者であり、異なる信仰をもち、異なる社会的経済的バックグラウンドをもっている。彼らは働き、ボランティアをし、さまざまな方法で世界に参加している。彼らは人間の経験の異なる側面に光をあて、社会の豊かさと多様性に貢献している。

　この計画書のなかで、障害者は肯定的な用語として使用される。誰かを特定の役割やアイデンティティに追い詰めたり、囲い込んだりすることは意図していない。(中略) 障害者にとってアートをよりアクセシブルで包摂的にすることによって、アートがすべての人にとって包摂的なものとなり、すべての人のアートをよりよくすると信じている。

　このような考え方は、障害者権利条約に盛り込まれた思想にもとづくものと考えられる。つまり、「障害者」を一括りにするのではなく、個別の存在として向き合うことが重要であり、生活のあらゆる面での差別を撤廃していくために、ACE は文化政策の面から偏見や先入観などをなくしていこうと取り組んでいるのだ。

　上記の事業計画書以外にも ACE は、2003 年に 10 年戦略（2010-2020）「あらゆる人にすばらしい芸術と文化を *Great Art and Culture for Everyone*」を発表しており（2013 年に改訂）、その後継となる 10 年戦略（2020-2030）「次の 10 年の形成 *Shaping the next ten years*」を策定すべく 2018 年秋に、より多くの人々が協議に参加できるようインターネット上での意見交換を呼びかけた。[1] そして、意見を取りまとめ草案を作成して公開し、2019 年 7 月 1 日から 9 月 23 日までの 12 週間にわたって意見を募り、再検討を行ったのちの 2019 年 12 月に最終報告を公表する予定だという（拙稿の執筆時点では未公表）。こうした取り組みの背景には、「ACE には、その政策決定において平等を考慮する法的義務がある。これによって差別を防ぎ、平等法で定義されている 9 つの保護特性（年齢、障害、性適合、人種など）の人々の平等と多様性を促進することをめざしていく」[2] と記された明確な決意がある。10 年戦略（2020-2030）の冒頭には新たな戦略が必要な理由につい

て「2010年以降、世界は経済的・技術的・社会的・環境的に大きく変化した。さらに次の10年間で変化は加速するだろう。このような状況のもとでは、従来の方法で業務を継続することはできない」「私たちの当初の戦略は、全国の人々に芸術と文化にふれる機会を提供したが、アクセスの不平等はまだ存在している」「多様性の欠如が続いており、ギャップを埋める必要がある」と記されている。アンリミテッドが継続されているのも、こうした考えにもとづいており、ロンドン五輪のためだけではなく、平等と多様性の実現に向けて実施されているプロジェクトのひとつであることは明らかだろう。

　また、文化の定義について「文化とは食べ物や宗教など多くのことを意味する。この戦略では、（多様な）文化に関して活動している組織や事業のすべての活動分野を対象とする」と記されており、多様性を保障するために文化を幅広く捉えようとする姿勢が伺える。

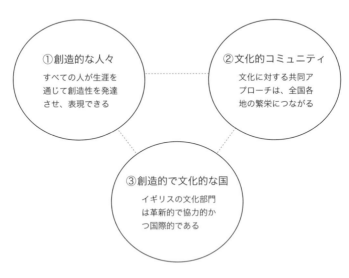

①創造的な人々
すべての人が生涯を通じて創造性を発達させ、表現できる

②文化的コミュニティ
文化に対する共同アプローチは、全国各地の繁栄につながる

③創造的で文化的な国
イギリスの文化部門は革新的で協力的かつ国際的である

(出所：「Shaping the next ten years」p.10 をもとに作成)

図5-1：10年戦略（2020-2030）がめざす3つの成果

戦略は図 5-1 で示されているように、達成すべき 3 つの成果（①創造的な人々、②文化的コミュニティ、③創造的で文化的な国）が掲げられている。①に関する記述では、「コミュニティでの創造的活動に参加することによって孤独感を解消し、健康と幸福をサポートし、高齢者を支え、社会的絆を築いて強化することにつながる」「子どもたちや若者は、創造的活動への参加を通じて自分自身を表現し、スキルと自信を身につけるだけでなく、不安やストレス、社会的孤立に対処する手段を得られた」とある。また、②に関する記述でも、「ACE は全国の市町村と協力して文化的機会の開発と強化に取り組んでいる。私たちは、社会的結束を強め、経済的に堅牢で、文化への投資の結果として居住者が身体的および精神的健康の改善を経験するようなコミュニティを実現させたい」と記されており、文化政策と福祉政策をより強く架橋していこうとする動きが読み取れる。

　2019 年 12 月に行われた総選挙によって EU 離脱は確実な情勢となり、文化政策への影響も避けられないだろうが、多様性の実現をめざすあゆみが止まることはないだろう。

2 ｜日本の近年の動向

　障害の平等に関連する近年の日本の取り組みを概観すると、まず 2007 年 9 月の障害者権利条約への署名が挙げられる。そののちに国内法の整備などを行い、条約の求める水準に達したとして、条約に批准したのは 2014 年 1 月である。国内法の整備とは、①障害者基本法の改正（2011 年 8 月）、②障害を理由とする差別の解消の推進に関する法律（障害者差別解消法）の制定（2013 年 6 月）を指す。①に関して注視すべきは、障害者の定義が拡大されたことであろう。同法の第 2 条 1 項には、「身体障害、知的障害、精神障害（発達障害を含む。）その他の心身の機能の障害（以下「障害」と

総称する。）がある者であつて、障害及び社会的障壁により継続的に日常生活又は社会生活に相当な制限を受ける状態にあるものをいう」と明記されており、性同一性障害のように従来は障害者に含まれなかった人々も広く同法の対象となった。これは、従来の障害者の捉え方が心身の機能的損傷という "医学モデル" を重視していたのに対し、実際の社会的障壁から障害の状態を判断するという "社会モデル" への転換を図るためだと考えられる。

　そして、2015年9月に国連サミットで「持続可能な開発目標（Sustainable Development Goals：SDGs）」が採択されると、その実施に向けて政府は国内の基盤整備に取り組んだ。SDGs は「誰一人として取り残さない leave no one behind」を理念とし、2030年までに達成すべき17の目標を掲げ、先進国を含むすべての国に対して目標達成のための行動を促すものである。そこで日本政府は2016年5月に全閣僚を構成員とする「SDGs 推進本部」を設置し、多様な組織と「SDGs 推進円卓会議」での対話を行い、2016年12月に「SDGs 実施指針」を決定した。実施指針には8つの優先課題があり、1番目には「あらゆる人々の活躍の推進」が掲げられ、「一億総活躍社会の実現」「女性活躍の推進」「子どもの貧困対策」「障害者の自立と社会参加支援」が目標とされた。

　こうした動向のなか、冒頭でふれたとおり2013年に東京オリンピック・パラリンピック競技大会の開催が決定し、アンリミテッドの成功を継承すべく障害者の表現活動に対する支援を拡充することとなり、2018年6月には議員立法として「障害者による文化芸術活動の推進に関する法律」（以下、本法）が公布・施行された。この法律にもとづき、2019年3月に「障害者による文化芸術活動の推進に関する基本的な計画」が策定されている。基本計画の策定に携わった長津 [2019] の論考から主な論点を紹介[3]しよう。

　1点目として、日本のアール・ブリュットや、多様な表現活動の現場との関係を挙げている。本法の第3条2項には「専門的な教育に基づかずに人々が本来有する創造性が発揮された文化芸術の作品が高い評価を受けて

おり、その中心となっているものが障害者による作品であること等を踏まえ、障害者による芸術上価値が高い作品等の創造に対する支援を強化すること」（下線は長津による）と記されている。このなかの「専門的な～」と長津が下線を引いた箇所は、近年日本でも知られるようになった"アール・ブリュット"という概念を想起させてしまうため、本来の概念が意味する美術分野のみを対象にするという誤解が生じないかとの意見が出された。さらに、「芸術上価値が高い作品」に関しても、誰がどのように評価するのかという議論が噴出したという。

　2点目として、他の法的基盤との重複に関する点では、2017年6月に文化政策の根幹ともいうべき文化芸術振興基本法が「文化芸術基本法」という名称になって内容が改正されたことにふれている。改正後の基本法第2条3項には「(略) 国民がその年齢、障害の有無、経済的な状況又は居住する地域にかかわらず等しく、文化芸術を鑑賞し、これに参加し、又はこれを創造することができるような環境の整備が図られなければならない」と記されている。よって、すでに障害者の文化芸術への関わりについて法的位置づけが行われているため、わざわざ個別の法律（本法）を制定する必要はなかったのではないか、という疑問である。

　3点目として、法制定のプロセスに関する議論を挙げている。本法は議員立法だったこともあり、法案検討のプロセスはほとんど一般に公開されず、制定前にパブリック・コメント（その影響がおよぶ対象者などの意見を事前に聴取し、その結果を反映させることによって、よりよいものにすることをめざす手続きのひとつ）が求められることもなかったからである。

　これら3つの論点にふれて考えることは、まず1点目については、障害者の表現活動を支援する場合は芸術上の価値のみならず、1章で紹介したチャールズ・テイラーがいうように多様な表現を言語として捉え、他者とのコミュニケーションを通じて承認を得るような社会的価値にも着目していく必要があるだろうということだ。2点目については、2章で紹介したイギリスでの議論のように、あえて「障害者の作品」として焦点をあてることによって、主流のアートとは別の異なるものだという見方を強化する

のではないかという危惧が生じる。また、対象を障害者に限定するなど特定の枠を設けることは差別を生み出しかねないと考えて、多様な人々が参加する事業を推進しているイタリアのエミリア・ロマーニャ州のような慎重さが必要ではなかっただろうか。3点目については、障害者基本法や障害者権利条約批准の際には「私たちのことを私たち抜きで決めるな」を合い言葉に、障害者の声をていねいに聴いてきた経緯があるため、本法に関してはなぜこのような制定プロセスになったのか疑問が生じる。ただし長津によれば、基本計画策定の現場においては幅広い有識者を集めた「障害者文化芸術活動推進有識者会議」が開催され、上記の懸念などを共有しながら議論を行ったという。[4)]

　文化や芸術は日々の生活や社会を豊かにするものであり、障害の有無に関わらず人々の生まれながらの権利であるという視点に立ち、その権利を行政はどのように保障していくのかが問われているといえよう。

3 文化政策の深化によって包摂型社会への移行を

　アンリミテッドは、障害をもつアーティストたちが承認を求めるとともに芸術分野での雇用増加をめざし、いまなお継続している。継続できている理由のひとつに、アーツ・カウンシルの存在があることは明らかだろう。

　アーツ・カウンシルとは、芸術文化に対する助成を基軸に、政府・行政組織と一定の距離を保ちながら、文化政策の執行を担う専門機関である。日本においても同様の機関の必要性が議論され、文化庁が独立行政法人日本芸術文化振興会と連携して 2011 年度から「日本版アーツカウンシル」を試行的に導入し、2016 年度から芸術文化振興会の基金部に、専門家による助言・審査・事後評価・調査研究などの機能をもたせて本格実施に移行した（太下 2017）。また、自治体による「地域版アーツカウンシル」の

設置も進んでいる。2012年4月に東京都が「アーツカウンシル東京」を公益財団法人東京都歴史文化財団内に設置したのを皮切りに、同年8月に沖縄県が、2013年7月に大阪府と大阪市が共同で設置した。その後に文化庁が、2020年東京五輪に向けて文化プログラムを全国展開するためにはイギリスのように地域の受け皿が必要だと考え、「地域における文化施策推進体制の構築促進事業」を開始した。2016年度の公募により横浜市、新潟市、静岡県、大阪府、大分県が採択され、文化庁の支援を受けてアーツ・カウンシルのような機能をもたせた機関を設置した。当該事業は継続しており、地域版アーツカウンシルを設置する自治体は増加している。

　各地のアーツ・カウンシルは、それぞれの自治体の文化行政の置かれている状況や課題、さらに芸術や文化の捉え方に差異があるため、取り組み方は多様である。しかしながら、日本でもイギリスと同様の文化政策の執行を担う専門機関が必要だと考えて仕組みを導入するのなら、また、日本社会が直面している社会的格差の拡大を抑制すべきと考えるなら、文化政策と福祉政策を架橋する視点を有するべきではないだろうか。

　イギリスのみならず海外では、新自由主義の進展とともに深刻化する移民差別や排外主義に対抗するために、多様性の尊重が大きな政策課題となっている。それは現金給付によって所得格差を是正しようとする再分配政策が重視されていた従来の福祉 welfare を変化させ、人種や年齢、障害、ジェンダー、性適合などの多様性を保障するとともに、差別と偏見をなくしていこうとする政策の必要性であり、文化政策と福祉政策を架橋する根拠にもなっていると考えられる。

　1章でふれた宮本の"生活保障"は、たんに所得を保障するだけでなく、人々が相互に承認しあう関係を築けるような"生きる場"を保障する概念であった。ただし、生きる場は行政という上からの押しつけではなく、一人ひとりが主体的に生きる場を選べることが重要だろう。そのためにセルフエスティームをはぐくむ表現活動が必要なことは、3章で片山工房の実践にふれながら述べたとおりである。

　これらのことから、各地のアーツ・カウンシルでは文化政策と福祉政策

を架橋する事業を、それぞれの地域の文化基盤型社会的企業の可能性を有する福祉施設と連携して展開し、成果と課題を検証しつつ国の政策に提言を行うような、ボトムアップで制度設計を進展させていくことが必要ではないだろうか。その際、文化基盤型社会的企業を志向する福祉施設が、創造性を十分に発揮して活動できるよう、既存の制度の枠内に収まらない事業に対しても財政的支援を保障することは不可欠である。そうすれば、新たな取り組みにチャレンジする福祉施設が増え、ネットワークを構築しながら各地での成果と課題を相互に検証しつつ、よりよい制度設計へとつながっていくだろう。1章5節で紹介したイタリアの社会的協同組合が法的に位置づけられて発展し、社会連帯経済を生み出していった要因として、各地で市民が自発的な取り組みを開始してネットワークを築いたことや、州政府が国に先駆けて財政的支援を行ったことが挙げられる。こうした社会的協同組合の形成過程のように、ボトムアップで進展させていくことが一人ひとりのニーズに対応しやすい制度を生み出すために不可欠だろう。

　本章の冒頭でふれた障害者権利条約は、1948年に国連総会で採択された世界人権宣言にもとづいて国際的人権保障の枠組みを構築しようとするものである。長瀬修は世界人権宣言の採択に大きな役割を果たしたエレノア・ルーズベルト Eleanor Roosevelt の言葉を次のように紹介している。

―― 結局のところ、全ての人の権利はどこから始まるのでしょうか。それは、身近でささやかなところ、ごく身近で、あまりにもちっぽけで、どの世界地図でも見つけられないところなのです。でも、そのささやかなところが、一人ひとりにとっては自分の世界です。(中略)すべての男性、すべての女性、そしてすべての子どもが、平等な正義や平等な機会、平等な尊厳を差別なく求めています。こうした場所で、権利が意味を持たないなら、他の場所でも意味がほぼありません。関心を持つ市民が身近なところで権利を守るために行動しなければ、大きな世界での進歩を求めても無駄なだけです。(長瀬・川島 2018：v)

このことは生活保障に連なる考えであり、一人ひとりが身近なところで
実践していく必要を訴えるものである。1章で紹介したイタリアの取り組
みはもちろん、これまでに取り上げた福祉施設の実践も生活保障を具現化
しているものだといえよう。

　障害者権利条約に批准し、「誰一人として取り残さない」を理念に掲げ、
持続可能で多様性と包摂性を志向するSDGsの達成に向けて取り組んでい
る日本。しかしながら、教育現場に目を向けただけでも4章でふれたとお
り、子どもの行動に"違い"を感じると、発達障害の検査を勧めるように
なっている。各地の特別支援学校の生徒数は増加傾向にあり、早い時期か
らの分断が進んでしまっている。このことは従来の労働観にもとづき、周
囲の人と同じような行動を同じペースで行えない人を"障害者"として区
別する医学モデルが、教育現場で適用されているように感じられる。

　工業社会から知識情報化社会となった現代、人々の創造性をはぐくみ、
さまざまな課題に直面しても創造的に解決できるような能力を身につけさ
せる教育が重視され、それにともなってアートに親しむことも必要だと考
えられるようになった。そういう教育を推奨していながら、一定の基準で
子どもたちを分断する必要はあるのだろうか。

　日本にいま必要なことは、障害者のみを対象とする政策から多様性を尊
重する政策への転換であり、福祉政策との架橋を重視しつつ文化政策を深
化させていくことだろう。さらに、教育政策にも視野を広げ、将来を担う
子どもたちの可能性を奪わないよう、連携させていく必要もあるだろう。

　繰り返しになるが、SDGsは持続可能性と多様性を尊重し、包摂型社会
を志向するものである。その達成に向けて経済成長や発展のあり方を見直
しつつ市場経済から社会連帯経済への転換を図り、生きがいに通じるよう
な働き方ができていくよう諸制度を再検討して、包摂型社会へ移行する道
筋を模索することが喫緊の課題ではないだろうか。それは障害者のためだ
けではなく、私たち一人ひとりにとって必要なことだと考えられる。

注

1) https://www.artscouncil.org.uk/publication/consultation-materials-and-framework
2) https://www.artscouncil.org.uk/sites/default/files/download-file/Equality_Analysis_summer_consultation_2019.pdf 2 ページより。
3) 2018 年 9 月に文化庁と厚生労働省との連携によって、「障害者による文化芸術活動の推進に関する国の基本計画案作成のためのワーキンググループ」が設置された。構成員は以下の 6 人である（50 音順、敬称略）。
大塚晃（上智大学総合人間学部社会福祉学科教授）、久保厚子（2020 年東京オリンピック・パラリンピックに向けた障害者の文化芸術活動を推進する全国ネットワーク代表）、中川幾郎（帝塚山大学名誉教授）、中島隆信（慶應義塾大学商学部教授）、長津結一郎（九州大学大学院芸術工学研究院助教）、森田かずよ（俳優、ダンサー、Performance For All People CONVEY 主宰、NPO 法人ピースポット・ワンフォー理事長）。
4) 有識者会議は 3 回開催され（2018 年 9 月 26 日、2018 年 10 月 23 日、2018 年 12 月 18 日）、議事録は厚生労働省のウェブサイトで公開されている。
https://www.mhlw.go.jp/stf/shingi/other-syougai_446935_00004.html

おわりに

　2020年2月1〜3日、3回目となる「about me」展が大阪市で開催された（展覧会の概要については110ページの注9を参照）。開催に向けて複数の福祉施設スタッフなどが実行委員として関わり、昨年7月初旬のキックオフミーティングから約7カ月にわたって、ミーティングや施設訪問を行い、何を展示するのかという議論を積み重ねた。展覧会には表現された"モノ"とともに、作った人の日常の様子や表現行為を見つめ続けるスタッフの思いも文章として展示され、一連の準備のプロセスを開示した約100ページのパンフレットも配布されている。「"モノ"語る展覧会」というコピーにふさわしく、"モノ"から作者の人生や記憶、周囲との関係性などが浮かび上がってくるものであった。

　表現された"モノ"は絵だけでなく刺繍や立体の造形物、紙をひも状に切って結んだものなど多様で、一人ひとりのこだわりも表れている。ただし、こうした自分らしい表現にたどり着くまで、時間のかかる人もいるという。自分の思いを素直に表しても大丈夫か、肯定的に受け止めてもらえるかなどの不安があるのかもしれず、そうした気持ちを払拭できるような関係づくりが必要になってくる。それは一朝一夕にできるものではないだろうが、実行委員のメンバーはそれぞれの現場で日々そばに寄り添い、対話を重ねながら関係を構築していることが感じられた。

　こうした関係は"承認"にもとづくものだと考えられ、表現活動の意義を再確認できる展覧会であった。ここでいう承認とは、スタッフが施設利用者を承認するという一方向のものではなく、「この人は肯定的に受け止めてくれる」という感覚を施設利用者がスタッフに対して抱くことも含めた、双方向のものを意味する。

　障害のある人のこだわりは問題行動として捉えられることが多いという。しかし、そのこだわりも見方を変えて肯定的に捉えれば表現となり、関係そのものが変化していくかもしれない。さらに、本書で取り上げた福祉施

設の取り組みのように、社会的価値を生み出す可能性を秘めたものである
かもしれない。

　相互承認による関係から生まれる「about me」展のように、肯定的な
まなざしの織り込まれた"場"が身近なところで増えていけば、生きづら
さを感じる人は少なくなるのではないだろうか。そのためにも、障害者の
表現活動を"アート"という枠だけに押し込めずに、多角的な視点で読み
解き、意義や可能性を伝え続けていくことの重要性を再認識した展覧会で
もあった。

　今後も各地を訪ね歩き、現場の声を聴きながら思考することを積み重ね
たいと考えている。

　最後になりますが、今回も執筆に際して多くの方々にお世話になりまし
た。本書で紹介した福祉施設の方々には取材や原稿確認などで貴重な時間
を割いていただきました。イタリア調査に際してはボローニャ在住の青山
愛さんに、通訳のみならず取材先との調整など大変お世話になりました。
執筆に行き詰まった際は、恩師の佐々木雅幸先生からアドバイスをいただ
き、進むべき方向を見つけることができました。さらに、水曜社社長・仙
道弘生氏の助言がなければ、本書は完成まで漕ぎ付けませんでした。皆様
に深甚の謝意を表します。

※本書は「JSPS 科研費 JP18K00207」および「平成 30 年度鳥取大学学長経費事業」「平成 29 ～令
和元年度鳥取大学地域学部長経費事業」の研究成果の一部である。

2020 年 2 月

川井田 祥子

〈参考文献〉

Arts Council England［2010］, *Disability Equality Scheme 2010-13*

Arts Council England［2019］, *Shaping the next ten years*

Barnes, C. and Mercer, G., Shakespeare, T.［1999］, *Exploring Disabilit: A Sociological Introduction*, Polity.（杉野昭博・松波めぐみ・山下幸子訳［2004］『ディスアビリティ・スタディーズ——イギリス障害学概論』明石書店）

Bhalla, Ajit S. & Lapeyre, Frederic［2004］, *Poverty and Exclusion in a Global World*, 2nd ed., Macmillan Publishers Ltd.（福原宏幸・中村健吾監訳［2005］『グローバル化と社会的排除——貧困と社会問題への新しいアプローチ』昭和堂）

ブレイディみかこ［2017］『労働者階級の反乱——地べたから見た英国 EU 離脱』光文社

遠藤辰雄・井上祥治・蘭千壽編［1992］『セルフ・エスティームの心理学——自己価値の探究』ナカニシヤ出版

Finkelstein, V.［1980］, *Attitudes and DisabledPeople*：Issues for Discussion, New York：World Rehabilitation Fund.

Finkelstein, V. and Morrison, E.［1992］, "Culture as Struggle：Access to Power", in S. Lees, ed., *Disability Arts in London*：Shape Publications.

藤井敦史［2009］「『社会的企業』とは何か（上）——社会的企業に関する二つの理論的潮流をめぐって」『情況』2009 年 7 月号、情況出版、pp.128-143

福原宏幸［2006］「社会的包摂政策を推進する欧州連合——そのプロセスと課題」『生活経済政策』115 号、pp.14-17

福原宏幸編著［2007］『社会的排除／包摂と社会政策』法律文化社

福原宏幸［2012］「社会的排除／包摂と社会連帯経済——社会的承認論からのアプローチ」『福祉労働』137 号、現代書館、pp.93-103

福島智・星加良司［2006］「〈存在の肯定〉を支える二つの〈基本ニーズ〉——障害の視点で考える現代社会の『不安』の構造」『思想』983 号、岩波書店、pp.117-134

萩垣弘子［2017］「英国芸術評議会とエスニック・マイノリティ・アート政策——1986 年 行動計画とそれに続く議論と変化について〜英国「ブラック・アート」の軌跡（3 の 1）」『人間科学』12 号、pp.3-33

長谷川貴彦［2017］『イギリス現代史』岩波書店

Hewison, R.［2014］, *Cultural Capital*：*The Rise and Fall of Creative Britain*, Verso.（小林真理訳［2017］『文化資本——クリエイティブ・ブリテンの盛衰』美学出版）

広井良典［2011］『創造的福祉社会——「成長」後の社会構想と人間・地域・価値』筑摩書房

ホネット，アクセル［2003］山本啓・直江清隆訳『承認をめぐる闘争——社会的コンフリクトの道徳的文法』法政大学出版局

今村仁司［1988］『仕事』弘文堂

今村仁司［1998］『近代の労働観』岩波書店

井上ひさし［2008］『ボローニャ紀行』文藝春秋

岩城京子［2015］「インディペンデント・アーティストの拠点——ロンドン "トインビー・スタジオ"」『地域創造』vol.38、pp.28-34

金子勝［2019］『平成経済——衰退の本質』岩波書店

菅野幸子［2019］「英国（イングランド）の文化政策におけるダイバーシティ政策」文化庁地域文化創生本部事務局総括・政策研究グループ『ダイバーシティと文化政策に関するレポート』pp.1-20

カプカプひかりが丘編［2016］『ザツゼンに生きる──障害福祉から世界を変えるカプカプのつくりかた』カプカプひかりが丘

川井田祥子［2013］『障害者の芸術表現──共生的なまちづくりにむけて』水曜社

川井田祥子［2019］「包摂型社会の具現化に向けて──障害福祉施設の実践に学ぶ」佐々木雅幸他編『創造社会の都市と農村──SDGs への文化政策』水曜社、pp.287-303

河本珠奈［2016］「個々の『生』を最大限全うできる社会をつくるための表現活動──岡山県都窪郡の生活介護事業所『ぬか』を事例に」鳥取大学大学院地域学研究科修士論文

木ノ戸昌幸［2019］『まともがゆれる──常識をやめる「スウィング」の実験』朝日出版社

北島健一［2012］「社会的企業の国際的動向と経済危機下における可能性」『福祉労働』137 号、現代書館、pp.34-44

高森明［2018a］「イギリス"障害者"政策史（1）──ナショナル・ミニマム構想における"雇用不能者"」『障害学研究』第 13 号、pp.140-168

高森明［2018b］「1909 年『少数派報告』における"就業不能者"」『障害学研究』第 14 号、pp.172-200

Lister, Ruth［2004］, *Poverty*, Polity Press, Ltd.（松本伊智朗監訳・立木勝訳［2011］『貧困とはなにか──概念・言説・ポリティクス』明石書店）

マルクス，カール［1964］城塚登・田中吉六訳『経済学・哲学草稿』岩波書店

宮本太郎［2009］『生活保障──排除しない社会へ』岩波書店

宮本太郎［2011］「レジーム転換と福祉政治──包摂と承認の政治学」大沢真理編『承認と包摂へ──労働と生活の保障』岩波書店、pp.191-214

長瀬修・川島聡編［2018］『障害者権利条約の実施──批准後の日本の課題』信山社

長津結一郎［2019］「芸術と社会包摂に関するこれからの文化政策の課題──障害者による文化芸術活動の推進に関する法律を手がかりに」『文化経済学』第 16 巻第 1 号、pp.42-44

中村健吾［2007］「社会理論から見た『排除』──フランスにおける議論を中心に」福原宏幸編著『社会的排除／包摂と社会政策』法律文化社、pp.40-73

中村健吾［2012］「EU の雇用政策と社会的包摂政策──リスボン戦略から『欧州 2020』へ」福原宏幸・中村健吾編著『21 世紀のヨーロッパ福祉レジーム──アクティベーション改革の多様性と日本』糺の森書房、pp.1-42

中山夏織［2003］『演劇と社会──英国演劇社会史』美学出版

名古忠行［2005］『ウェッブ夫妻の生涯と思想──イギリス社会民主主義の源流』法律文化社

大熊一夫［2009］『精神病院を捨てたイタリア　捨てない日本』岩波書店

大沢真理［1986］『イギリス社会政策史──救貧法と福祉国家』東京大学出版会

大沢真理編［2011］『承認と包摂へ──労働と生活の保障』岩波書店

太下義之［2009］「英国の『クリエイティブ産業』政策に関する研究──政策におけるクリエイティビティとデザイン」『季刊 政策・経営研究』三菱 UFJ リサーチ＆コンサルティング株式会社編、pp.119-158

太下義之［2012］「グローバル化とオリンピック文化プログラム──2012 年オリンピック大会にロンドンが勝利した理由」河島伸子・大谷伴子・大田信良編『イギリス映画と文化政策──ブレア政権以降のポリティカル・エコノミー』慶應義塾大学出版会、pp.113-130

太下義之［2017］『アーツカウンシル──アームズ・レングスの現実を超えて』水曜社

大谷誠・山下麻衣［2011］「知的障害の歴史──イギリスと日本の事例」松井彰彦・川島聡・長瀬修編著『障害を問い直す』東洋経済新報社、pp.195-228

ボーガム，セルジュ［2016］川野英二・中條健志訳『貧困の基本形態——社会的紐帯の社会学』新泉社

齋藤純一［2011］「社会保障の理念をめぐって——それぞれの生き方の尊重」齋藤純一・宮本太郎・近藤康史編『社会保障と福祉国家のゆくえ』ナカニシヤ出版、pp.5-23

佐々木雅幸［2001/2012］『創造都市への挑戦——産業と文化の息づく街へ』岩波書店

Sen, Amartya［1985］, *Commodities and Capabilities*, Amsterdam, Elsevier Science Publishers B. V.（鈴村興太郎訳［1988］『福祉の経済学——財と潜在能力』岩波書店）

Sen, Amartya［1992］, *Inequality Reexamined*, London, Oxford University Press.（池本幸生・野上裕生・佐藤仁訳［1999］『不平等の再検討——潜在能力と自由』岩波書店）

新川修平［2018］「本来のすがた」『参加型展覧会「about me——"わたし"を知って」展覧会後記』大阪障害者自立支援協会、pp.84-86

スキデルスキー，ロバート・スキデルスキー，エドワード［2014］村井章子訳『じゅうぶん豊かで、貧しい社会——理念なき資本主義の末路』筑摩書房

杉野昭博［2007］『障害学——理論形成と射程』東京大学出版会

鈴木励滋［2005］「働くということ——地域作業所の現場から」『横校労ニュース』387 号、横浜学校労働者組合

鈴木励滋［2010］「障害／健常を超える知へ」エイブル・アート・ジャパン＋フィルムアート社編『生きるための試行——エイブル・アートの実験』フィルムアート社、pp.110-113

鈴木励滋・栗原彬［2016］「すべての人が歓待されるホーム——カプカプ（横浜市）」たんぽぽの家編『ソーシャルアート——障害のある人とアートで社会を変える』学芸出版社、pp.103-112

鈴木励滋［2019］「マイペースな線の冒険——渡邊鮎彦」『のんびる』No. 157、パルシステム生活協同組合連合会、pp.50-51

高田和文［2019］「排除された人々の自由への叫び——アルテ・エ・サルーテ劇団『マラー／サド』日本公演」『THEATRE ARTS』63 号、晩成書房、pp.102-109

高藤昭［2002］「社会保障法原理後退の過程と現状および課題」『大原社会問題研究所雑誌』No. 523、pp.1-11

田中耕一郎［2005］『障害者運動と価値形成——日英の比較から』現代書館

田中夏子［2005］『イタリア社会的経済の地域展開』日本経済評論社

田中夏子［2012a］「社会的排除と闘う協同——イタリアの社会的協同組合の取り組みを題材に」『世界』836 号、岩波書店、pp.244-254

田中夏子［2012b］「深刻化する貧困・失業を目の前に、イタリア社会的協同組合はどう動くのか」『福祉労働』137 号、現代書館、pp.45-53

田中拓道［2016］「承認論の射程——社会政策の新たなパラダイム」田中拓道編『承認——社会哲学と社会政策の対話』法政大学出版局、pp.5-35

Taylor, C.［1994］, "Politics of Recognition," in Amy Gutmann（ed.）, *Multiculturalism:Examining the Politics of Recognition*, Princeton University Press.（佐々木毅・辻康夫・向山恭一訳［1996］「承認をめぐる政治」『マルチカルチュラリズム』岩波書店，pp.37-110）

山本隆編著［2014］『社会的企業論——もうひとつの経済』法律文化社

山崎亮［2016］『コミュニティデザインの源流——イギリス篇』太田出版

『illustration』No. 224（2019 年 12 月号）玄光社

アーツ・カウンシル　47,49-51,61,66,69,
　　73-76,156,159,162-163
アーツアドミン　51-54,58,61-62,64,69
アートセンター画楽　126-128,131-133,135
アール・ブリュット　37,160-161
IL（自立生活）　102
アサダワタル　124-125
アトリエコーナス　53,138
アトリエ ぬかごっこ　143-144
about me　108-109,167-168
新井英夫　124-125
アルテ・エ・サルーテ劇団
　　14,31-32,34-36,38-39
アレーナ・デル・ソーレ劇場　32-34
アンリミテッド　6-9,42,47-59,64,67,69,77,
　　156,158,160,162
医学モデル　70,160,165
一般就労　149-150
井上ひさし　30
イノベーション　113,115-116,153
上木戸恒太　139-140,142
上田祐嗣　126-127,129-135
ウェッブ夫妻（シドニー,ベアトリス）　93-95
植野康幸　53
ベヴァリッジ,ウィリアム　81,94
　　――ベヴァリッジ報告書　95,97
ヴェレント,ジョー　51-54,57
内田貴裕　130
エイブルアート　134
エイブルアート・カンパニー　122
エイブルアート・ムーブメント　134
ADL（日常生活動作）　102
エスニック・マイノリティ　72-76
NDACA　58-59,69
エミリア・ロマーニャ州　30,35,38,162
エメス　113-115
大川誠　53
オースティン,スー　49-51
岡本永　137-138

オペラ　39-40
オリバー,マイケル　68,92
カーン,ナシーム　72-74
片山工房　9,80,103-109,163
カプカプ　116-125
カプカブーズ　118-120,122-125
ガレッラ,ナンニ　32-34,38
カンドゥーコ・ダンス・カンパニー　65
企業向け貸農園　100
ギデンズ,アンソニー　18
木ノ戸昌幸　144-145,147-151
金満里　126
木村篤志　109
QOL（生活の質）　102
クール・ブリタニア　43-44,46
グレイアイ・シアター・カンパニー　55,65-68,70
黒瀧勝　119-120
ケインズ,ジョン・メイナード　81,84-86
ケリー,ジュード　45
小池佑弥　139-140
小泉純一郎　97
国際障害者年　65,68,99
個人モデル　70,124
コトノネ　143
サイコラジオ　33-35
最首悟　117
最首星子　120
齋藤晴久　106
サウスバンク・センター　48,50-55,69
ザツゼン　116-117,125
サッチャー,マーガレット　17,42-43,62,81
澤田隆司　107
シーレイ,ジェニー　7,55,66-67
ジェイコブズ,ジェイン　30
シェイプアーツ　51-53,58-60,65,68-70
ジェームズ,ウィリアム　20
支援費制度　103,127
市場経済　19,23,95,112-113,152,165
持続可能な開発目標（SDGs）　160,165

四宮大登　149
社会的企業　9, 23, 112-116, 152-153, 164
社会的協同組合　23-26, 32, 83, 114, 145, 164
社会的経済　22-23, 112
社会的排除　7-9, 16-19, 22-23, 25, 40,
　43-44, 73, 80-81, 92, 98, 113-114, 152
社会的包摂　6, 8-9, 19, 23, 29, 31,
　38-39, 47, 156
社会保障　95-97
社会モデル　57-58, 68-70, 124, 160
社会連帯経済　8, 14, 19, 22-24, 26, 152,
　164-165
シャバン, ナビル　65, 68
ジャンチェス, ギャビン　75
障害観　58, 91, 152
障害者アート　42, 109, 122, 125, 148
障害者アート・ムーブメント　58, 61, 67-70, 76
障害者基本法　159, 162
障害者芸術文化活動普及支援事業　5
障害者権利条約　73, 76, 99,
　156-157, 159, 162, 164-165
障害者雇用促進法　99-100
障害者差別解消法　99, 159
障害者差別禁止法　66, 72-73, 76
障害者自立支援法　97, 99, 127
障害者による文化芸術活動の推進に関する
法律　6, 160
障害者による文化芸術活動の推進に関する
基本的な計画　160
障害者による文化芸術活動推進事業　6
障害者の芸術活動支援モデル事業　5
承認　7-9, 14-17, 19-26, 34, 40, 42, 59, 77,
　80-83, 89, 115, 152, 161-163, 167-168
白岩髙子　53
シルク・ドゥ・ソレイユ　3
新川修平　103, 105-106, 108-109
新自由主義　3, 42, 81, 96, 163
スウィング　144-151
鈴木励滋　117-118, 120, 122, 124-125

スチュワート, セオナイド　61-62
ストップギャップ・ダンス・カンパニー　65
スミス, アダム　90, 93
スロームーブメント　3-5
スローレーベル　3
生活保障　15, 23, 82-83, 97, 163, 165
精神医療改革　27-29
世界人権宣言　164
セツルメント運動　62-64
セルフエスティーム　4, 8-9, 16, 20-22, 26, 34,
　40, 53, 101-102, 152, 163
セン, アマルティア　19, 21
全国障害者芸術・文化祭　5
潜在能力（ケイパビリティ）
　21-22, 103, 109, 112
ソーシャル・キャピタル（社会関係資本）
　24, 113, 115
ソーシャル・サーカス　4
態変　126
ダダフェスト　50, 65, 69
田中角栄　95
多文化主義　15
丹正和臣　137-138
たんぽぽの家　134
土屋美緒　123
定常型社会　86
テイラー, チャールズ　15-16, 59, 152, 161
テストーニ劇場　33, 35
トインビー, アーノルド　63
トインビー・スタジオ　63-64
トインビー・ホール　62-64
東京オリンピック・パラリンピック競技大会
（東京五輪）　6, 160, 163
戸田雅夫　139-140
トムリンソン, リチャード　65, 68
ドロール, ジャック　18, 80
ナイト, ジュディス　61-62
中野厚志　135-139, 141-142
ナショナル・ミニマム　81, 94-95

西岡弘治	52-53
ニューレーバー	17, 43
ヌォーヴァ・シェーナ	30, 32
ぬか つくるとこ	135-144
——ぬかびと	136, 139-142, 144
——まぜびと	136
湯井亮	108
ノーベル賞	21, 29-30, 37
野元好枝	120
ハート・アート・おかやま（ハートアートリンク）	
	137
バーネット, サミュエル	63-64
バザーリア, フランコ	27-28
パットナム, ロバート	24, 115
ハント, ポール	68-70
ピエトロバッティスタ, コンチェッタ	35
東野祥子	124
ビッグ・アイ共働機構	4
貧困	
——新貧困層	24-25
——貧困線	14
——貧困率	14
フィオリッティ, アンジェロ	39
フィンケルシュタイン, ヴィック	68-71, 91
フェビアン協会	17, 93, 95
フォ, ダリオ	29-30, 37
フォ, ヤコポ	36-37
福祉 welfare	22, 152, 163
福祉 well-being	9, 21, 80, 109
福祉国家	80, 84, 92-93, 95-97
福祉的就労	100, 149-150
ブリティッシュ・カウンシル	47, 49-51, 55, 68
ブレア, トニー	17, 43-45, 73, 82
文化芸術基本法	161
文化的多様性	9, 42, 44, 46, 73-76, 153
文化プログラム	8, 45-48, 51, 65, 163
法定雇用率	26, 100
ホーキング, スティーブン	8
ボローニャ	29-32, 35-39, 168
マルクス, カール	90
ミロコマチコ	121-123, 125
民主的精神医学	27
ヨコハマ・パラトリエンナーレ	3
ラザーニ, クリスティーナ	35
ラスキン, ジョン	39-40, 64
類的存在	90
ルーズベルト, エレノア	164
レイノルズ, アダム	59-61, 69
レイバー	40
レヴェテ, ジーナ	58-59, 68
連帯経済	22-23, 112, 115
労働観	9, 87-88, 90-91, 100, 112, 152, 165
ローゼンバーグ, モリス	20
ロック, ジョン	89
ロンドンオリンピック・パラリンピック競技大会	
（ロンドンオリンピック・ロンドン五輪・ロンドン	
大会）	6-8, 42, 45-51, 65, 67, 77, 158
ロンドン障害芸術フォーラム（LDAF）	68-69, 71
ワークフェア	83, 97-98
渡邊鮎彦	122

川井田 祥子（かわいだ・さちこ）

鳥取大学地域学部教授。大阪市立大学大学院創造都市研究科博士（後期）課程
修了・博士（創造都市）。文化経済学会〈日本〉理事、日本文化政策学会理事。
大阪市立大学都市研究プラザ特任講師などを経て現職。NPO法人都市文化創
造機構の理事・事務局長も務め（2007〜2018年）、創造都市・創造農村をめ
ざす自治体やNPOなどのプラットフォームとなる「創造都市ネットワーク日
本（CCNJ）」設立にも携わった。著書に『障害者の芸術表現：共生的なまち
づくりにむけて』、共編著に『創造農村：過疎をクリエイティブに生きる戦略』
『創造社会の都市と農村：SDGsへの文化政策』など。

障害者と表現活動
——自己肯定と承認の場をはぐくむ

発行日 　2020年3月26日　初版第一刷発行

著　者　　川井田 祥子
発行人　　仙道 弘生
発行所　　株式会社 水曜社
　　　　　〒160-0022 東京都新宿区新宿 1-14-12
　　　　　TEL.03-3351-8768　FAX.03-5362-7279
　　　　　URL suiyosha.hondana.jp
装幀・DTP　小田 純子
印　刷　　日本ハイコム 株式会社

文化と まちづくり 叢書 **地域社会の明日を描く──**

基礎自治体の文化政策
まちにアートが必要なわけ

藤野一夫＋文化・芸術を活かしたまちづくり研究会 編著
2,700 円

まちの居場所、施設ではなく。
どうつくられ、運営、継承されるか

田中康裕 著
2,500 円

芸術祭と地域づくり
"祭り"の受容から自発・協働による固有資源化へ

吉田隆之 著
2,900 円

野外彫刻との対話

西山重徳 著　井口勝文 特別寄稿
さとうあきら 写真
2,200 円

岐路に立つ指定管理者制度
変容するパートナーシップ

松本茂章 編著
2,500 円

団地再生まちづくり 5
日本のサステナブル社会のカギは「団地再生」にある

団地再生支援協会
合人社計画研究所 編著
2,500 円

SDGs の主流化と実践による地域創生
まち・ひと・しごとを学びあう

遠野みらいづくりカレッジ
樋口邦史 編著
2,500 円

創造社会の都市と農村
SDGs への文化政策

佐々木雅幸 総監修
敷田麻実・川井田祥子・萩原雅也 編
3,000 円

ローカルコンテンツと地域再生
観光創出から産業振興へ

増淵敏之 著
2,500 円

芸術文化の投資効果
メセナと創造経済

加藤種男 著
3,200 円

想起の音楽
表現・記憶・コミュニティ

アサダワタル 著
2,200 円

ソーシャルアートラボ
地域と社会をひらく

九州大学ソーシャルアートラボ 編
2,500 円

障害者の芸術表現
共生的なまちづくりにむけて

川井田祥子 著
2,500 円

全国の書店でお買い求めください。価格はすべて税別です。